Tiny Stories for Italian Learners

Short Stories in Italian for Beginners and Intermediate Learners

Davide Rossi

Contents

Introduction
How to use book
Reading guide

A Day in Rome
A Walk Through Venice
Exploring Florence
Discovering Sardinia
The Amalfi Coast
Tuscany
Lake Como
The Italian Alps
The island of Sicily
Night in Northern Italy
At the beach
Camping at the Lake
The house
On the train
Cooking dinner
Walking home
The castle
My garden
Going shopping
At the market
At the cafe
Going swimming
Mowing the lawn
Getting a haircut
The park

Introduction

Reading in a foreign language is one of the most effective ways for you to improve language skills and expand vocabulary. However, it can sometimes be difficult to find engaging reading materials at an appropriate level that provide a feeling of achievement and a sense of progress. Most books and articles written for native speakers can be too long and difficult to understand or may have very high-level vocabulary so you feel overwhelmed and give up. If these problems sound familiar, then this book is for you!

Tiny Stories for Italian learners is a collection of 25 unconventional and entertaining short stories that are designed to help beginner to intermediate level Italian learners improve their language skills.

These short stories create a supportive reading environment by including;

- Rich linguistic content in different genres to keep you entertained and expose you to a variety of word forms.
- Shorter stories in chapters to give you the satisfaction of finishing stories and progressing quickly.
- Texts written at your level so they are more easily comprehended and not overwhelming.
- English translation on alternating pages so you can directly refer to it line by line while reading the Italian story.
- Key vocabulary is printed **bold** throughout the story and translation to help you understand unfamiliar words more easily.
- Comprehension questions to test your understanding

of key events and to encourage you to read in more detail.

So whether you want to expand your vocabulary, improve your comprehension, or simply read for fun, this book is the biggest step forward you will take in your studies this year. Tiny stories for Italian learners will give you all the support you need, so sit back, relax, and let your imagination run wild as you are transported to a magical world of adventure, mystery and intrigue – in Italian!

How to use this book

Reading is a difficult talent to master. We use a range of micro-skills to help us read in our native languages. For example, we might skim a passage to get a rough understanding, or gist, of what it's about. Alternatively, we might comb through numerous pages of a train schedule in search of a specific time or location. While these micro-skills are second nature when reading in our native languages, research reveals that we often forget most of them when reading in a foreign language. When learning a foreign language, we normally begin at the beginning of a text and work our way through it, trying to understand every single word. Inevitably, we come across unfamiliar or complex terms and become annoyed by our inability to comprehend them.

One of the biggest advantages of reading in a foreign language is that you are exposed to a vast number of phrases and expressions that are used in everyday situations. Extensive reading is a term used to describe reading for pleasure in order to learn a language. It's not like reading a textbook, when conversations or texts are designed to be read slowly and carefully with the goal of comprehending every word. "Intensive reading" refers to reading that is done to achieve specific learning goals or complete tasks. To put it another way, thorough reading in textbooks usually aids in the learning of grammar rules and particular vocabulary, but extensive reading of stories aids in the learning of natural language.

Tiny stories for Italian learners will provide you with opportunities to learn more about natural Italian language in use, although you may have started your language learning journey with solely textbooks. Here

are a few pointers to keep in mind as you read the stories in this book to get the most out of them: When it comes to reading, enjoyment and a sense of accomplishment are critical. You keep coming back for more because you enjoy what you're reading. Reading each story from beginning to end is the best method to enjoy reading stories and feel accomplished. As a result, the most crucial thing is to get to the end of a story. It's actually more crucial than knowing every single word

The more you read, the more you will gain knowledge. You will quickly have a knowledge of how Italian works if you read larger books for pleasure. However, keep in mind that in order to get the full benefits of extensive reading, you must first read a sufficiently substantial volume. Reading a few pages here and there may teach you a few new words, but it won't make a significant difference in your overall level of Italian.

Accept the fact that you will not comprehend everything you read in a novel. This is, without a doubt, the most crucial point! Always remember that not understanding all of the words or sentences is entirely acceptable. It does not imply that your language skills are inadequate or that you are performing poorly. It indicates that you are actively involved in the learning process.

Reading guide

In order to get the most from reading Tiny Stories for Italian Learners, it will be best for you to follow this simple six-step reading process for each chapter of the stories:

1. Read the chapter title. Think about what the story might be about. Then read the story all the way through. Your aim is simply to reach the end of the story. Therefore, do not stop to look up words and do not worry if there are things you do not understand. Simply try to follow the plot.

2. When you reach the end of the story, scan the English translation to see if you have understood what has happened and pick up any context you may have missed.

3. Go back and read the same story again. If you like, you can focus more on story details than before, but otherwise simply read it through one more time.

4. Next, work through the comprehension questions in Italian to check your understanding of key events in the story. If you do not understand the questions fully, do not worry. Use you knowledge to answer as best you can.

5. At this point, you should have some understanding of the main events of the chapter. If not, you may wish to re-read the chapter a few times using the translation to check unknown words and phrases until you feel confident.

Once you are ready and confident that you understand what has happened – whether it's after one reading of the story or several – move on to the next story and continue enjoying the story at your own pace, just as you would any other book.

Only once you have completed a story in its entirety should you consider going back and studying the story language in more depth if you wish. Or instead of worrying about understanding everything, take time to focus on all that you have understood and congratulate yourself for all that you have done.

Tiny Stories

for Italian Learners

Un giorno a Roma

La giornata è **iniziata** presto per Roma. Il sole è sorto sulla città, proiettando un caldo bagliore sugli antichi edifici e sulle strade. C'era una **sensazione** di eccitazione nell'aria, mentre la gente cominciava a svegliarsi e a prepararsi per la giornata che l'attendeva. Per alcuni, sarebbe stata una giornata trascorsa a esplorare tutto ciò che Roma aveva da offrire: la sua ricca storia, l'arte e la **cultura**. Per altri, invece, sarebbe stata una giornata più rilassata, magari gustando un pasto tranquillo o ammirando i **panorami da** uno dei tanti punti **panoramici** della città. Ma qualunque fosse il loro programma, tutti erano d'accordo che oggi sarebbe stata una giornata speciale. Con l'avvicinarsi **del mezzogiorno**, il suono delle campane in tutta Roma segnalò che era giunto il momento di dirigersi **verso** Piazza San Pietro.

Qui, Papa Francesco si è rivolto ai presenti prima di guidarli in una **processione** attraverso alcuni dei luoghi più iconici di Roma: Il **Colosseo**, la Città del Vaticano e infine la Fontana di Trevi, dove avrebbe benedetto i presenti. Si preannunciava un'esperienza **indimenticabile** per tutti i partecipanti! Con il passare della giornata, Roma ha iniziato a riempirsi di persone provenienti da tutto il mondo, desiderose di **vedere** Papa Francesco. L'atmosfera era elettrica, mentre tutti aspettavano il suo arrivo. Quando finalmente è apparso, la folla lo ha acclamato con grande entusiasmo mentre si dirigeva verso Piazza San Pietro. **Di tanto in tanto si è** fermato a parlare con i **presenti**, prendendo tempo per ascoltare le loro storie e offrire parole di saggezza e

A Day in Rome

The day **started** early for Rome. The sun rose over the city, casting a warm glow over the ancient buildings and streets. There was a **feeling** of excitement in the air as people began to stir and prepare for the day ahead. For some, it would be a day spent exploring all that Rome had to offer—its rich history, art, and **culture**. For others, it would be a more relaxed affair, perhaps enjoying a leisurely meal or taking in the **sights** from one of the many **vantage** points around the city. But whatever their plans were, everyone agreed that today was going to be special. As **midday** approached, the sound of bells ringing out across Rome signaled that it was time to head **towards** St. Peter's Square.

Here, Pope Francis would address those gathered before leading them on a **procession** through some of Rome's most iconic landmarks: The **Colosseum**, Vatican City, and finally ending at the Trevi Fountain, where he would bless those present. It promised to be an **unforgettable** experience for all involved! As the day went on, Rome began to fill up with people from all over the world, eager to catch a **glimpse** of Pope Francis. The atmosphere was electric as everyone waited in anticipation for his arrival. When he finally appeared, there was a huge cheer from the crowd as he made his way towards St Peter's Square. He stopped **occasionally** to speak with those **gathered**, taking time to listen to their stories and offer words of wisdom and encouragement. His warmth and kindness were evident for all to see, and it was clear that he was

incoraggiamento. Il suo calore e la sua gentilezza erano evidenti a tutti ed era chiaro che si stava divertendo immensamente. Dopo aver trascorso un po' di tempo in piazza, Papa Francesco ha guidato la **processione** per le strade di Roma, fermandosi periodicamente per benedire coloro che si trovavano lungo il percorso.

L'intera città sembrava viva di eccitazione: è stata davvero un'**esperienza** unica nella vita! Al calar della sera, Papa Francesco ha fatto ritorno a Città **del Vaticano**, dove avrebbe trascorso la notte. Ma prima di farlo, si è fermato alla Fontana di Trevi, dove ha benedetto i presenti prima di guidarli in una preghiera. È stato un momento **emozionante** per molti, che hanno riflettuto sull'incredibile giornata trascorsa. Per alcuni sarà un **ricordo che conserveranno** per sempre; altri porteranno con sé le lezioni apprese o le nuove amicizie nate durante il loro soggiorno a Roma. Ma una cosa è certa: questa è stata una giornata unica. Quando il sole è tramontato su Roma, nell'aria si respirava una sensazione di felicità e soddisfazione. Era stata una giornata **indimenticabile**, che sarebbe rimasta a lungo nella **memoria** di tutti coloro che avevano avuto la fortuna di viverla. E così la giornata si è conclusa. Ma per coloro che erano presenti, è stata una giornata che non dimenticheranno mai.

enjoying himself immensely. After spending some time at the square, Pope Francis then led the **procession** through Rome's streets, stopping periodically to bless those lining the route.

The whole city seemed alive with excitement—it truly was a once-in-a-lifetime **experience**! As evening began to fall, Pope Francis made his way back to **Vatican** City, where he would spend the night. But before doing so, he stopped at the Trevi Fountain, where he blessed those who had gathered there before leading them in a prayer. It was an **emotional** moment for many as they reflected on what an incredible day it had been. For some, it would be a **memory** that they would cherish forever; others would take away lessons learned or new friendships formed during their time in Rome. But one thing was certain: this was a one-of-a-kind day. As the sun set on Rome, there was a feeling of happiness and contentment in the air. It had been an **unforgettable** day – one that would live long in the **memory** of all those who had been lucky enough to experience it. And so the day came to an end. But for those who were there, it was a day that they would never forget.

Domande di comprensione

1. Quali erano le cose che le persone facevano per prepararsi alla giornata?

2. Cosa significava il suono delle campane?

3. Dove il Papa avrebbe guidato la processione?

4. Come ha fatto Papa Francesco ad attraversare la città?

5. Che atmosfera si respirava a Roma?

6. Qual è stato il comportamento del Papa?

7. Che cosa ha fatto il Papa alla fine della giornata?

8. Che cosa si provava in città quando la giornata volgeva al termine?

9. Quale sarebbe il ricordo duraturo per coloro che hanno vissuto questa giornata?

Comprehension Questions

1. What were some of the things people did to prepare for the day?

2. What did the sound of bells signify?

3. Where was the Pope going to lead the procession?

4. How did Pope Francis make his way through the city?

5. What was the atmosphere like in Rome?

6. What was the Pope's demeanor?

7. What did the Pope do at the end of the day?

8. What was the feeling in the city as the day came to an end?

9. What would be the lasting memory for those who experienced the day?

Una passeggiata a Venezia

La prima volta che ho visto Venezia è stato in una calda giornata estiva. Il sole splendeva e il cielo era azzurro. Camminavo per le strade strette, **ammirando** la bella **architettura** e chiedendomi come sarebbe stato vivere in un posto del genere. Arrivai a una piccola piazza al cui centro c'era una fontana. Intorno alla fontana c'erano diversi caffè e ristoranti con posti a sedere all'aperto. Mi sedetti a uno dei tavoli e ordinai un caffè. Mentre sorseggiavo il caffè, osservavo la gente che passava e mi meravigliavo di quanto questa città fosse diversa da qualsiasi altro posto in cui fossi mai stata. Dopo aver finito il caffè, ho **continuato a** esplorare Venezia. Ho camminato attraverso **vicoli** tortuosi e ponti sui canali. Ogni svolta sembrava rivelare **qualcosa di** nuovo e interessante. Alla fine cominciò a calare la notte e mi ritrovai di nuovo nella piazza dove avevo iniziato la mia passeggiata ore prima. Guardando tutte le luci che scintillavano nell'**oscurità**, mi sono reso conto che non c'è nessun altro posto come Venezia. È davvero unica tra le città.

Sono tornata a **Venezia** molte volte nel corso degli anni e mi è sempre sembrata un luogo fuori dal tempo. Camminando per le sue strade, mi sembrava di essere stato **trasportato in un'**altra epoca. Una sera, mentre passeggiavo lungo uno dei canali, ho sentito qualcuno che suonava della musica. Sembrava un **pianoforte** proveniente da una delle case vicine. Seguii il suono

A Walk Through Venice

The first time I ever saw Venice was on a warm summer day. The sun was shining and the sky was blue. I walked down the narrow streets, **admiring** the beautiful **architecture** and wondering what it would be like to live in such a place. I came to a small square where there was a fountain in the center. Around the fountain were several cafes and restaurants with outdoor seating. I sat down at one of the tables and ordered a coffee. As I sipped my coffee, I watched people walking by and marveled at how different this city was from any other place I had ever been. After finishing my coffee, I **continued** exploring Venice. I walked through winding **alleyways** and across bridges over canals. Every turn seemed to reveal **something** new and interesting. Eventually, night began to fall, and I found myself back in the square where I had started my walk hours earlier. As I looked around at all of the lights twinkling in the **darkness**, I realized that there is nowhere else quite like Venice. It is truly unique among cities.

I returned to **Venice** many times over the years, and it always seemed to me like a place out of time. Walking through its streets, I felt like I had been **transported** back to another era. One evening, as I was strolling along one of the canals, I heard someone playing music. It sounded like a **piano** coming from one of the nearby houses. I followed the sound until I came to a

fino ad arrivare a una piccola porta incastonata in un muro. La porta era leggermente aperta e attraverso di essa potei vedere un uomo seduto a un pianoforte in una stanza vuota. Mentre suonava, l'uomo sembrava perso nel suo mondo. Non si accorse che stavo lì a guardarlo. Dopo un po' si alzò e uscì dalla stanza senza voltarsi. Quel momento mi è rimasto impresso negli anni. Era come se Venezia stessa avesse raggiunto e toccato la mia anima con la sua **magia**. Ora, ogni volta che penso a Venezia, ricordo quell'uomo che suonava il pianoforte in una stanza vuota. E non posso fare a meno di **chiedermi** quale sia la sua storia. Chi è e perché suona la musica in quella casa solitaria? Mi piace immaginare che sia un musicista che un tempo ha avuto una grande **carriera**, ma che ora è stato dimenticato dal mondo.

Continua a suonare perché gli dà gioia, anche se non c'è più un **pubblico** che lo ascolti. Nella mia mente, la sua musica riempie le stanze vuote della sua casa e riecheggia tra i **canali di** Venezia. È un suono bellissimo che solo chi si prende il tempo di ascoltare può sentire. Un giorno **decisi di** tornare a cercare la casa di quell'uomo. Mi ci volle un po', ma alla fine la trovai in un angolo tranquillo di **Venezia**. All'interno non c'era alcun segno di vita e la porta era chiusa. Rimasi lì a lungo, chiedendomi cosa **ne fosse stato** dell'uomo che un tempo suonava la musica **in modo** così **bello** in quella stanza vuota. Poi, proprio mentre stavo per andarmene, sentii un debole suono provenire dall'interno della casa.

small door set into a wall. The door was slightly open, and through it I could see a man sitting at a piano in an empty room. As he played, the man seemed lost in his own world. He didn't notice me standing there **watching** him. After awhile, he got up and walked out of the room without looking back. That moment has stayed with me over the years. It was as if Venice itself had reached out and touched my soul with its **magic**. Now, whenever I think of Venice, I remember that man playing the piano in an empty room. And I can't help but **wonder** what his story is. Who is he and why does he play music in that lonely house? I like to imagine that he is a musician who once had a great **career** but has now been forgotten by the world.

He still plays because it brings him joy, even though there are no longer any **audiences** to hear him. In my mind, his music fills the empty rooms of his house and echoes through the **canals** of Venice. It's a beautiful sound that only those who take the time to listen can hear. One day, I **decided** to go back and find the man's house. It took me awhile, but eventually I located it in a quiet corner of **Venice**. There was no sign of life inside, and the door was shut. I stood there for a long time, wondering what had **become** of the man who once played music so **beautifully** in that empty room. Then, just as I was about to leave, I heard a faint sound coming from inside the house.

Domande di comprensione

1. Qual è la prima impressione del protagonista su Venezia?

2. Cosa pensa il protagonista della gente di Venezia?

3. Cosa fa il protagonista quando sente la musica del pianoforte?

4. Dove si trova la casa dell'uomo?

5. Cosa pensa il protagonista che possa essere successo all'uomo?

6. Qual è l'opinione del protagonista sulla musica?

7. Cosa fa il protagonista quando non riesce a trovare l'uomo?

8. Cosa pensa il protagonista dell'architettura di Venezia?

9. Cosa ordina il protagonista al caffè?

Comprehension Questions

1. What is the protagonist's first impression of Venice?

2. What does the protagonist think of the people in Venice?

3. What does the protagonist do when he hears the piano music?

4. Where is the man's house located?

5. What does the protagonist think may have happened to the man?

6. What is the protagonist's opinion of the music?

7. What does the protagonist do when he can't find the man?

8. What does the protagonist think of Venice's architecture?

9. What does the protagonist order at the café?

Esplorare Firenze

Ho sempre desiderato esplorare Firenze e finalmente ne ho colto l'**occasione** quando ho **studiato all'**estero in Italia. La città è ricca di arte e di storia ed ero entusiasta di vedere tutto ciò che aveva da offrire. La mia prima tappa è stata il **Duomo**, una cattedrale assolutamente straordinaria. Poi ho passeggiato per il centro della città, ammirando tutte le bellezze architettoniche. Mi sono anche assicurata di visitare alcuni **musei**, tra cui la Galleria degli Uffizi, dove si possono ammirare alcuni dei famosi dipinti di Michelangelo. Nel complesso, **Firenze** è stata un'esperienza incredibile e sono molto contenta di averla esplorata! Il giorno dopo mi sono alzata presto, desiderosa di esplorare meglio **Firenze**. Ho iniziato passeggiando di nuovo per il centro della città, ammirando tutti i bellissimi edifici e le sculture. Poi mi sono recata al **Giardino** di Boboli, che è assolutamente stupendo. Poi ho **visitato** Palazzo Pitti, un enorme palazzo che ospitava alcune delle famiglie più potenti di Firenze.

Infine, ho concluso la giornata con una passeggiata attraverso uno dei famosi ponti di Firenze, il Ponte Vecchio. È stata un'esperienza **incredibile** e non vedo l'ora di tornarci! Il giorno successivo, ho deciso di esplorare alcuni dei quartieri più piccoli di **Firenze**. Ho iniziato in Oltrarno, noto per i suoi artigiani e negozi. Mi sono poi recata a San Niccolò, dove si può godere di una splendida vista della città dalla cima di una delle sue colline. Infine, ho concluso la giornata a

Exploring Florence

I had always wanted to explore Florence, and finally took the **opportunity** when I was **studying** abroad in Italy. The city is full of art and history, and I was excited to see everything it had to offer. My first stop was the **Duomo**, which is an absolutely stunning cathedral. I then walked around the city center, admiring all of the beautiful architecture. I also made sure to visit some of the **museums**, including the Uffizi Gallery, where you can see some of Michelangelo's famous paintings. Overall, **Florence** was an incredible experience, and I'm so glad I got to explore it! I was up early the next day, eager to explore more of **Florence**. I started by walking around the city center again, admiring all of the beautiful buildings and sculptures. I then made my way to the Boboli **Gardens**, which are absolutely stunning. After that, I **visited** the Pitti Palace, which is a massive palace that used to be home to some of the most powerful families in Florence.

Finally, I ended my day with a walk across one of Florence's famous bridges—the Ponte Vecchio. It was an **incredible** experience, and I can't wait to go back! The next day, I decided to explore some of the smaller neighborhoods in **Florence**. I started in Oltrarno, which is known for its artisans and shops. I then made my way to San Niccolo, where you can get a great view of the city from atop one of its hills. Finally, I ended my day in **Santo** Spirito, which is a beautiful **neighborhood** with lots of cafes and restaurants. It was an amazing

Santo Spirito, un bellissimo **quartiere** con molti caffè e ristoranti. È stata un'esperienza incredibile vedere tutti i lati di Firenze e sono così grata di aver avuto l'opportunità di farlo!

Il mio soggiorno a **Firenze** stava per finire, ma avevo ancora alcuni luoghi da esplorare. Ho iniziato il mio ultimo giorno con una visita a Palazzo **Vecchio**, uno degli edifici più famosi della città. Poi ho passeggiato per il Mercato Nuovo, dove si possono trovare tutti i tipi di oggetti interessanti in vendita. Infine, ho concluso la giornata con una passeggiata in Piazza della **Signoria**, che ospita alcune delle **sculture** più iconiche di Firenze. È stata un'esperienza incredibile e sono molto contenta di essere riuscita a vedere tutto ciò che Firenze ha da offrire! Mi sono divertita **moltissimo** a esplorare Firenze e sono molto grata di aver avuto l'opportunità di farlo. La città è piena di arte, storia e cultura e mi è piaciuto molto poterla visitare. Se avete la possibilità di visitare Firenze, ve lo **consiglio**.

experience getting to see all sides of Florence, and I'm so grateful that I had the opportunity to do so!

My time in **Florence** was coming to an end, but I still had a few more places I wanted to explore. I started my last day with a visit to the Palazzo **Vecchio**, which is one of the most famous buildings in the city. After that, I walked through the Mercato Nuovo, where you can find all sorts of interesting things for sale. Finally, I ended my day with a walk through the Piazza della **Signoria**, which is home to some of Florence's most iconic **sculptures**. It was an incredible experience, and I'm so glad I got to see everything that Florence has to offer! I had an **incredible** time exploring Florence, and I'm so grateful that I had the opportunity to do so. The city is full of art, history, and culture, and I loved getting to experience all of it. If you ever have the chance to visit Florence, I would **recommend** it.

Domande di comprensione

1. Qual è stata la prima tappa del tour dell'autore a Firenze?

2. Quali sono i dipinti più famosi della Galleria degli Uffizi?

3. Che cos'è Palazzo Pitti?

4. Che cos'è il Ponte Vecchio?

5. Per cosa è conosciuto l'Oltrarno?

6. Qual è il modo migliore per vedere Firenze?

7. Che cos'è Palazzo Vecchio?

8. Che cos'è il Mercato Nuovo?

9. Che cos'è Piazza della Signoria?

10. Perché l'autore consiglia di visitare Firenze?

Comprehension Questions

1. What was the first stop on the author's tour of Florence?

2. What are the Uffizi Gallery's most famous paintings?

3. What is the Pitti Palace?

4. What is the Ponte Vecchio?

5. What is Oltrarno known for?

6. What is the best way to see Florence?

7. What is the Palazzo Vecchio?

8. What is the Mercato Nuovo?

9. What is the Piazza della Signoria?

10. Why would the author recommend visiting Florence?

Scoprire la Sardegna

La prima volta che ho sentito parlare della Sardegna è stato quando una mia amica mi ha raccontato del suo viaggio lì. Mi ha **mostrato le** foto delle bellissime **spiagge** e dell'acqua cristallina. Sembrava un paradiso. Sapevo che un giorno sarei dovuta andare lì. Qualche anno dopo, ho finalmente fatto il grande passo e ho prenotato un biglietto per la Sardegna. Non sono rimasta **delusa**. L'isola era ancora più bella di quanto immaginassi. Le spiagge erano stupende e la gente era così **cordiale**. Mi sembrava di aver scoperto una gemma nascosta. Ho trascorso le mie giornate esplorando l'isola, nuotando nell'acqua cristallina e rilassandomi sulla spiaggia con un buon libro. Era davvero un luogo magico che non dimenticherò mai. Un giorno, mentre **esploravo** una piccola città, mi sono imbattuta in un negozio che vendeva gioielli **fatti a mano**. I pezzi erano così belli e unici. Mi sono innamorata di un paio di orecchini di corallo sardo. Sapevo di doverli avere.

Ho trascorso ore nel negozio, provando **diversi** pezzi e chiacchierando con la proprietaria. Mi ha raccontato della storia della Sardegna e di come l'isola sia stata tramandata per **generazioni dalla** sua famiglia. È stato affascinante conoscere questo luogo che ho imparato ad amare così tanto. Quando il mio viaggio si è concluso, mi sono sentita triste per la partenza, ma anche grata per aver vissuto un luogo così speciale. La Sardegna occuperà sempre un posto speciale nel mio cuore. Qualche settimana dopo il mio ritorno a casa

Discovering Sardinia

The first time I ever heard of Sardinia was when my friend told me about her trip there. She **showed** me pictures of the beautiful **beaches** and the clear blue water. It looked like paradise. I knew I had to go there someday. A few years later, I finally took the plunge and booked a ticket to Sardinia. I was not **disappointed**. The island was even more beautiful than I imagined. The beaches were stunning and the people were so **friendly**. I felt like I had discovered a hidden gem. I spent my days exploring the island, swimming in the crystal-clear water, and relaxing on the beach with a good book. It was truly a magical place and one that I will never forget. One day, while I was **exploring** a small town, I came across a shop selling **handmade** jewelry. The pieces were so beautiful and unique. I fell in love with a pair of earrings made from Sardinian coral. I knew I had to have them.

I ended up spending hours in the store, trying on **different** pieces and chatting with the owner. She told me about the history of Sardinia and how the island has been passed down through **generations** of her family. It was fascinating to learn about this place that I had come to love so much. As my trip came to an end, I felt sad to be leaving but also grateful to have experienced such a special place. Sardinia will always hold a special place in my heart. A few weeks after I returned home from **Sardinia**, I started to feel sick. I had a fever and was feeling really tired all the time. My doctor diagnosed me with malaria and told me that I must have contracted

dalla **Sardegna**, ho iniziato a sentirmi male. Avevo la febbre e mi sentivo sempre molto stanca. Il mio medico mi diagnosticò la malaria e mi disse che dovevo averla contratta durante il viaggio. Fortunatamente, grazie alle cure, mi sono **ripresa** completamente, ma è stata un'esperienza spaventosa. Mi ha fatto capire quanto sono fortunata a essere viva e in salute. E mi ha fatto **apprezzare** ancora di più la Sardegna.

Nonostante il pericolo di contrarre la malaria, ci tornerei subito perché la Sardegna è davvero un posto **incredibile**. Ogni volta che guardo i miei orecchini di corallo sardo, mi viene in mente il mio magico viaggio sull'isola. Mi **ricordano la** bellezza della Sardegna e le persone fantastiche che ho incontrato lì. Ogni volta che li indosso, mi sembra di essere **trasportata in** quel luogo speciale. La Sardegna avrà sempre un posto speciale nel mio cuore. È un luogo di cui mi sono innamorata a prima vista e che racchiude tanti ricordi per me. Sono grata di aver avuto l'**opportunità** di visitare quest'isola straordinaria e spero di tornarci presto. Mi sono svegliata al suono delle onde che si infrangevano sulla riva.

Aprii gli occhi e fui accolto da uno spettacolo bellissimo. Il sole stava sorgendo all'orizzonte, proiettando un bagliore rosa e arancione nel cielo. L'acqua sembrava una lastra di vetro che **rifletteva** i colori dell'alba. Mi alzai dal letto e uscii fuori. L'aria era calda e profumava di salsedine. Feci un respiro profondo e sentii il mio corpo rilassarsi. Sarebbe stata un'altra giornata perfetta in **Sardegna**. Trascorsi la mattinata **esplorando** la piccola città in cui alloggiavo.

it while on my trip. Thankfully, with treatment, I made a full **recovery**, but it was a scary experience. It made me realize how lucky I am to be alive and healthy. It also made me **appreciate** Sardinia even more.

 Despite the danger of contracting malaria, I would still go back in a heartbeat because Sardinia is truly an **amazing** place. Every time I look at my Sardinian coral earrings, I am reminded of my magical trip to the island. They are a **reminder** of the beauty of Sardinia and the amazing people that I met there. Whenever I wear them, I feel like I am **transported** back to that special place. Sardinia will always have a special place in my heart. It is a place that I fell in love with at first sight and it holds so many memories for me. I am grateful to have had the **opportunity** to visit this amazing island, and I hope to return someday soon. I awoke to the sound of waves crashing against the shore.

I opened my eyes and was greeted by the most beautiful sight. The sun was just rising over the horizon, casting a pink and orange glow across the sky. The water looked like a sheet of glass, **reflecting** the colors of the sunrise. I got out of bed and walked outside. The air was warm and smelled salty from the sea. I took a deep breath and felt my body relax. It was going to be another perfect day in **Sardinia**. I spent my morning **exploring** the small town that I was staying in.

Domande di comprensione

1. Che cosa le ha mostrato l'amica della protagonista?

2. Cosa pensa il protagonista della Sardegna?

3. Cosa prova il protagonista nei confronti della Sardegna?

4. Cosa fa il protagonista sull'isola?

5. Cosa pensa il protagonista dei gioielli del negozio?

6. Cosa compra il protagonista nel negozio?

7. Cosa pensa il protagonista del proprietario del negozio?

8. Cosa impara il protagonista dal proprietario del negozio?

9. Cosa prova il protagonista nel lasciare la Sardegna?

Comprehension Questions

1. What did the protagonist's friend show her pictures of?

2. What did the protagonist think of Sardinia?

3. How does the protagonist feel about Sardinia?

4. What does the protagonist do on the island?

5. What does the protagonist think of the jewelry in the shop?

6. What does the protagonist buy in the shop?

7. What does the protagonist think of the shop owner?

8. What does the protagonist learn from the shop owner?

9. How does the protagonist feel about leaving Sardinia?

La Costiera Amalfitana

La Costiera Amalfitana è uno dei luoghi più **belli** del mondo. Le scogliere, il mare e i villaggi creano uno scenario straordinario. Non c'è da stupirsi che molte persone vengano qui in vacanza. Una di queste è Anna, venuta dall'**America** per trascorrere un po' di tempo sulla costa. Sognava di venire qui da anni e finalmente è riuscita a realizzarlo. Arriva a Napoli e prende un autobus per Amalfi, dove rimarrà per due settimane. Appena scesa dall'autobus, Anna è **ipnotizzata dalla** bellezza dell'ambiente circostante. Si **aggira** per la città, cogliendo tutti i panorami e i suoni di questo luogo magico. Dopo qualche ora di esplorazione, si ritrova in un caffè **con vista sull'**oceano. Ordina un caffè e si siede per godersi il panorama.

Mentre Anna siede al caffè, osserva la gente e osserva tutte le diverse culture rappresentate. Vede **coppie** che si tengono per mano, famiglie che giocano sulla spiaggia e amici che ridono davanti a un drink. Tutti sembrano divertirsi e Anna non può fare a meno di sentirsi felice anche solo per il fatto di essere qui. Dopo un po' **decide di** tornare in **albergo** per riposare un po' prima di cena. Mentre cammina per la città, nota che ci sono molti negozietti che vendono souvenir e ninnoli. Guarda le vetrine per un po' prima di tornare in camera.

Più tardi, quella sera, Anna esce a cena con alcuni nuovi amici conosciuti al bar della hall dell'hotel. Si divertono a parlare e a **ridere** durante il pasto. Poi

The Amalfi Coast

The Amalfi Coast is one of the most **beautiful** places in the world. The cliffs, the sea, and the villages all make for a stunning setting. It's no wonder that so many people come here to vacation. One such visitor is Anna, who has come from **America** to spend some time on the coast. She's been dreaming of coming here for years, and finally she has made it happen. She arrives in Naples and takes a bus down to Amalfi, where she will be staying for two weeks. As soon as she steps off the bus, Anna is **mesmerized** by the beauty of her surroundings. She **wanders** around town, taking in all the sights and sounds of this magical place. After a few hours of exploring, she finds herself at a cafe **overlooking** the ocean. She orders a coffee and sits back to enjoy the view.

As Anna sits at the cafe, she people-watches and takes in all the different cultures represented. She sees **couples** holding hands, families playing on the beach, and friends laughing over drinks. Everyone seems to be having such a good time, and Anna can't help but feel happy just being here. After a while, she **decides** to head back to her **hotel** and get some rest before dinner. As she walks through town, she notices that there are so many little shops selling souvenirs and trinkets. She window-shops for a while before finally heading back to her room.

Later that night, Anna goes out for dinner with some

fanno una passeggiata sul lungomare e ammirano gli **edifici** illuminati e l'acqua scintillante. È stata una giornata incredibile e Anna si è già innamorata di questo posto. Nei giorni successivi, Anna trascorre il suo tempo esplorando altri luoghi di Amalfi e le città vicine, come Positano e Ravello. Fa escursioni sui fianchi delle montagne ricoperte di **fiori**, nuota in acque cristalline, mangia cibi **deliziosi** e semplicemente si gode ogni momento della sua vacanza. La Costiera Amalfitana ha superato tutte le sue **aspettative** e sa che ricorderà per sempre questo viaggio con affetto. Troppo presto, però, la vacanza di Anna giunge al termine.

Fa le valigie e torna all'aeroporto, triste per la partenza ma anche **entusiasta** per tutti i meravigliosi ricordi che ha costruito. Guardando fuori dal **finestrino dell'**aereo, vede la Costiera Amalfitana **scomparire** in lontananza. Sa che non manca molto al suo ritorno. Qualche mese dopo, Anna è tornata a casa, in America. Racconta ad amici e parenti del suo fantastico viaggio in Costiera Amalfitana. **Mostra** loro le foto e racconta le storie di tutti i luoghi **meravigliosi** che ha visitato. Tutti sono così gelosi di non aver potuto andare con lei, ma Anna sa che avrà sempre un posto speciale nel suo cuore per questo luogo magico.

new friends she met at the hotel lobby bar. They have a great time talking and **laughing** over their meal. Afterwards, they go for a walk along the waterfront where they take in the sights of the illuminated **buildings** and sparkling water. It's been an incredible day, and Anna is already falling in love with this place. Over the next few days, Anna spends her time exploring more of Amalfi as well as nearby towns like Positano and Ravello. She hikes up mountain sides covered in **flowers**; swims in crystal clear waters; eats **delicious** food; and simply enjoys every moment of her vacation . The Amalfi Coast has exceeded all of her **expectations** ,and she knows that she will always remember this trip fondly. All too soon, Anna's vacation comes to an end.

She packs her bags and heads back to the airport, feeling sad to leave but also **excited** for all the wonderful memories she has made . As she looks out the **window** of the plane , she sees the Amalfi Coast **disappearing** into the distance. She knows that it won't be long until she's back again. A few months later, Anna is back home in America. She's telling her friends and family all about her amazing trip to the Amalfi Coast. She **shows** them photos and tells them stories of all the **wonderful** places she visited . Everyone is so jealous that they didn't get to go with her , but Anna knows that she will always have a special place in her heart for this magical place .

Domande di comprensione

1. Che cos'è la Costiera Amalfitana?

2. Come si sente Anna quando arriva ad Amalfi?

3. Cosa fa Anna quando arriva ad Amalfi?

4. Cosa pensa Anna delle diverse culture rappresentate sulla Costiera Amalfitana?

5. Cosa fa Anna prima di tornare nella sua stanza d'albergo?

6. Cosa fa Anna la sua ultima notte ad Amalfi?

7. Quali sono alcune delle cose che Anna fa durante le sue vacanze?

8. Come si sente Anna quando la sua vacanza volge al termine?

9. Cosa fa Anna quando torna a casa?

Comprehension Questions

1. What is the Amalfi Coast?

2. How does Anna feel when she arrives in Amalfi?

3. What does Anna do when she first arrives in Amalfi?

4. What does Anna think of the different cultures represented on the Amalfi Coast?

5. What does Anna do before she heads back to her hotel room?

6. What does Anna do on her last night in Amalfi?

7. What are some of the things Anna does during her vacation?

8. How does Anna feel when her vacation comes to an end?

9. What does Anna do when she gets back home?

Toscana

La prima volta che sono andata in Toscana sono
rimasta subito incantata. Le dolci colline, i cipressi, i
vigneti: sembrava uscito da una favola. Giurai a me
stessa che un giorno sarei tornata per esplorare **meglio**
questo luogo magico. Così, l'anno scorso, quando
mio marito ci propose di fare un viaggio in Italia per il
nostro anniversario, non avevo dubbi su dove saremmo
andati. Abbiamo noleggiato un'auto e abbiamo guidato
da Roma fino al cuore della Toscana, fermandoci in
villaggi **pittoreschi** lungo la strada. Infine, arrivammo a
destinazione: un incantevole casale immerso tra uliveti
e vigneti. Trascorremmo giornate pigre esplorando
la campagna a piedi o in bicicletta, facendo picnic in
campi di **fiori selvatici** e assaggiando vini deliziosi
in piccole sale di degustazione. La sera, cucinavamo
insieme la cena con gli **ingredienti** freschi del mercato
contadino vicino, poi ci sedevamo nel nostro patio
sotto le stelle, godendoci la reciproca compagnia (e
un'altrbottiglia di vino).

Era davvero una **vacanza** idilliaca. Ma poi, durante
la nostra ultima notte, accadde qualcosa di strano.
Mi svegliai nel cuore della notte e trovai mio **marito**
scomparso. All'inizio pensai che fosse uscito solo per
prendere una boccata d'aria, ma quando non tornò
dopo circa un'ora, cominciai a preoccuparmi. Mi sono
vestita e sono uscita fuori, chiamando il suo nome
nell'oscurità. Non c'era risposta, a parte il suono dei
grilli che frinivano nei campi vicini. All'improvviso, sentii
un rumore **provenire** da uno dei vigneti e corsi verso di

Tuscany

The first time I ever went to Tuscany, I was immediately enchanted. The rolling hills, the cypress trees, the **vineyards** — it was like something out of a fairytale. I vowed to myself that one day I would return and explore this magical place more **thoroughly**. And so, last year, when my husband suggested we take a trip to Italy for our anniversary, there was no question in my mind where we were going to go. We rented a car and drove from Rome down through the heart of Tuscany, stopping at **picturesque** villages along the way. Finally, we arrived at our destination: a charming farmhouse nestled among olive groves and vineyards. We spent lazy days exploring the countryside on foot or by bike, picnicking in fields of **wildflowers** and sampling delicious wines in quaint little tasting rooms. In the evenings, we would cook dinner together using fresh **ingredients** from the farmer's market nearby, then sit out on our patio under the stars, enjoying each other's company (and another bottle of wine).

It truly was an idyllic **vacation**. But then, on our last night there, something strange happened. I woke up in the middle of the night to find my **husband** gone. At first I thought he must have just stepped out for a breath of fresh air, but when he didn't come back after an hour or so, I started to worry. I got dressed and went outside, calling his name into the darkness. There was no answer except for the sound of **crickets** chirping in the fields nearby. Suddenly, I heard a noise **coming** from one of the vineyards and ran towards it, fear clutching at

esso, con la paura che mi stringeva il cuore. Mio marito era lì, **in piedi** tra le vigne con lo sguardo vitreo. Si girò verso di me e parlò con una voce che non era la sua: "È ora". Ora di cosa? Prima che potessi fare domande, prese la mia mano e cominciò a condurmi in profondità nel vigneto. Non so per quanto tempo camminammo, ma mi sembrarono ore.

Gli unici suoni erano lo scricchiolio dei nostri piedi sul sentiero di ghiaia e gli **occasionali** borbottii di mio marito. Cominciavo ad avere davvero paura e quando finalmente si fermò e si girò verso di me, potevo vedere la follia nei suoi occhi. "È ora", disse di nuovo, questa volta con più forza. "È ora di fare cosa?" Chiesi **implorante**, ma lui si limitò ad afferrarmi il braccio e iniziò a trascinarmi verso una piccola porta incastonata nel fianco di una collina. Subito dopo ci trovammo all'interno di una specie di tunnel illuminato da torce tremolanti. Mio **marito** mi lasciò e iniziò a camminare in uno dei tunnel senza voltarsi, lasciandomi lì da sola e terrorizzata.

Non sapevo cos'altro fare, così lo seguii attraverso passaggi tortuosi finché non arrivammo in una grande stanza cavernosa che sembrava essere stata usata come una specie di antico **tempio** o santuario. Al centro della stanza c'era un altare di pietra con strani simboli incisi, e **intorno ai** bordi c'erano **decine** e decine di ossa umane ammucchiate. Mio marito si avvicinò all'altare e si inginocchiò, **chinando il** capo in segno di riverenza. Io rimasi immobile, troppo spaventata per muovermi.

my heart. And there my husband was, **standing** among the vines with a glassy-eyed look on his face. He turned to me and spoke in a voice that wasn't quite his own: "It's time." Time for what? Before I could ask any questions, he took hold of my hand and began **leading** me deeper into the vineyard. I don't know how long we walked for, but it felt like hours.

 The only sounds were the crunch of our feet on the gravel path and my husband's **occasional** mutterings. I was starting to get really scared now, and when he finally stopped and turned to me, I could see the madness in his eyes. "It's time," he said again, this time more forcefully. "Time for what?" I asked **pleadingly**, but he just grabbed hold of my arm and started dragging me towards a small door set into the side of a hill. The next thing I knew, we were inside some kind of tunnel system lit by flickering torches. My **husband** released me and began walking down one of the tunnels without looking back, leaving me standing there alone and terrified.

 I didn't know what else to do, so I followed him through winding passages until we came to a large cavernous room that looked like it might have been used as some kind of ancient **temple** or shrine. In the center of the room there was a stone altar with strange symbols carved into it, and **around** the edges were **dozens** upon dozens of human bones piled high. My husband walked over to the altar and knelt down, **bowing** his head in reverence.

Domande di comprensione

1. Cosa fa l'autrice quando visita per la prima volta la Toscana?

2. Che cosa si ripromette l'autrice dopo la sua prima visita?

3. Che cosa fanno l'autrice e suo marito durante il loro viaggio di anniversario?

4. Cosa trova l'autrice quando si sveglia nel cuore della notte?

5. Che cosa sente l'autore provenire da una delle vigne?

6. Cosa fa il marito quando l'autrice lo raggiunge?

7. Cosa pensa l'autrice quando vede la stanza in cui il marito l'ha condotta?

8. Qual è la reazione dell'autrice quando sente la voce provenire dall'ombra?

Comprehension Questions

1. What does the author do when she first visits Tuscany?

2. What does the author vow to herself after her first visit?

3. What does the author and her husband do on their anniversary trip?

4. What does the author find when she wakes up in the middle of the night?

5. What does the author hear coming from one of the vineyards?

6. What does the husband do when the author catches up to him?

7. What does the author think when she sees the room her husband led her into?

8. What is the author's reaction when she hears the voice coming from the shadows?

Lago di Como

Il sole stava tramontando sul bellissimo lago di Como. L'acqua era ferma e l'aria era calda. Era una serata perfetta. Ero seduta sul molo, con i piedi **a penzoloni** nell'acqua. Ero venuta in Italia per una vacanza, ma non mi aspettavo di innamorarmi di quel posto così in fretta. **Tutto** mi sembrava giusto. Mentre **guardavo** il sole scendere sotto l'orizzonte, sentii qualcuno avvicinarsi da dietro. Si sedettero accanto a me e ci godemmo il panorama in silenzio. Quando gli ultimi raggi di sole scomparvero, mi voltai verso la persona accanto a me. Ora potevo vedere i loro volti ed era ancora più **bello** del panorama. Ci sorridemmo e, senza dire una parola, capimmo entrambi che quella sarebbe stata una notte speciale. Camminammo lungo la riva, con i piedi che affondavano nella sabbia soffice a ogni passo.

La **luce della luna** scintillava sull'acqua e ci fermammo ad ammirarne la bellezza. Poi ci sedemmo su una panchina e parlammo per ore di tutto e di niente. Sembrava che ci conoscessimo da sempre. Alla fine tornammo nella mia camera d'albergo, dove passammo il resto della notte a parlare, ridere e fare l'amore fino a quando l'alba iniziò a insinuarsi dalla finestra. Mentre la **guardavo** dormire serenamente accanto a me, capii che il lago di Como avrebbe sempre avuto un posto speciale nel mio cuore. "La mattina dopo mi svegliai con il letto vuoto. Lei non c'era più. Non conoscevo il suo nome, ma sapevo che non l'avrei mai dimenticata. Avevamo condiviso qualcosa di speciale ed ero sicuro

Lake Como

The sun was setting over the beautiful Lake Como. The water was still and the air was warm. It was a perfect evening. I was sitting on the dock, my feet **dangling** in the water. I had come to Italy for a vacation, but I hadn't expected to fall in love with the place so quickly. **Everything** about it just felt right. As I **watched** the sun dip below the horizon, I heard someone approaching me from behind. They sat down next to me, and we simply enjoyed the view together in silence. As the last rays of sunlight disappeared, I turned to the person next to me. I could see their faces now and it was even more **beautiful** than the view. We smiled at each other, and without saying a word, we both knew that this was going to be a special night. We walked along the shoreline, our feet sinking into the soft sand with each step.

The **moonlight** glittered off the water, and we stopped to admire its beauty. Then we sat down on a bench and talked for hours about everything and nothing. It felt like we had known each other forever. Eventually, we made our way back to my hotel room, where we spent the rest of the night talking, laughing, and making love until dawn started creeping in through the window. As I **watched** her sleep peacefully beside me, I knew that Lake Como would always have a special place in my heart. " The next morning, I woke up to an empty bed. She was gone. I didn't know her name, but I knew that I would never forget her. We had shared something special, and I was sure that our paths would cross

che le nostre strade si sarebbero incrociate di nuovo un giorno. Fino ad allora, il lago di **Como** sarebbe sempre stato il mio luogo felice. "Sono passati alcuni anni da quella magica notte sul lago. Non l'ho mai dimenticata e spesso mi ritrovo a chiedermi cosa sarebbe potuto essere. Ma mi accontento di ricordare il tempo trascorso insieme come un bellissimo ricordo.

Dopo tutto, alcune cose sono destinate ad accadere. "Ero seduta sul molo, con i piedi a penzoloni nell'acqua. Ero venuta in Italia per una vacanza, ma non mi aspettavo di innamorarmi di quel posto così in fretta. **Tutto** mi sembrava giusto. Mentre guardavo il sole scendere sotto l'**orizzonte**, sentii qualcuno avvicinarsi da dietro. Si sedettero accanto a me e ci godemmo il panorama in silenzio. "Quando gli ultimi raggi di sole scomparvero, mi voltai verso la persona accanto a me. Ora potevo vedere i loro volti ed era ancora più bello del panorama. Ci **sorridemmo** e, senza dire una parola, capimmo entrambi che quella sarebbe stata una notte speciale. Camminammo lungo la riva, con i piedi che affondavano nella sabbia soffice a ogni passo. La luce della luna **scintillava** sull'acqua e ci fermammo ad ammirarne la bellezza.

Poi ci siamo seduti su una panchina e abbiamo parlato per ore di **tutto** e di niente. Sembrava che ci conoscessimo da sempre". "Alla fine siamo tornati nella mia camera d'albergo, dove abbiamo trascorso il resto della notte parlando, ridendo e facendo l'amore fino a quando l'alba ha iniziato a entrare dalla finestra.

again someday. Until then, Lake **Como** would always be my happy place. " It's been a few years since that magical night by the lake. I've never forgotten her, and I often find myself wondering what could have been. But I'm content to just remember our time together as a beautiful memory.

After all, some things are just meant to be. " I was sitting on the dock, my feet dangling in the water. I had come to Italy for a vacation, but I hadn't expected to fall in love with the place so quickly. **Everything** about it just felt right. As I watched the sun dip below the **horizon**, I heard someone approaching me from behind. They sat down next to me, and we simply enjoyed the view together in silence. " ; As the last rays of sunlight disappeared, I turned to the person next to me. I could see their faces now and it was even more beautiful than the view. We **smiled** at each other, and without saying a word, we both knew that this was going to be a special night. We walked along the shoreline, our feet sinking into the soft sand with each step. The moonlight **glittered** off the water, and we stopped to admire its beauty.

Then we sat down on a bench and talked for hours about **everything** and nothing. It felt like we had known each other forever. " Eventually, we made our way back to my hotel room, where we spent the rest of the night talking, laughing, and making love until dawn started **creeping** in through the window.

Domande di comprensione

1. Cosa stava facendo il protagonista quando ha visto per la prima volta la persona con cui ha finito per passare la notte?

2. Cosa pensava il protagonista del lago di Como prima di innamorarsene?

3. Che cosa hanno fatto il protagonista e la persona che hanno incontrato dopo aver ammirato il chiaro di luna sull'acqua?

4. Cosa prova il protagonista nei confronti della persona che ha incontrato alla fine della serata?

5. Cosa pensava il protagonista che sarebbe successo al risveglio del mattino dopo?

6. Cosa ha fatto il protagonista dopo la notte magica sul lago?

7. Cosa pensa il protagonista di ciò che avrebbe potuto essere?

Comprehension Questions

1. What was the protagonist doing when they first saw the person they ended up spending the night with?

2. How did the protagonist feel about Lake Como before falling in love with it?

3. What did the protagonist and the person they met do after admiring the moonlight on the water?

4. How did the protagonist feel about the person they met by the end of the night?

5. What did the protagonist think would happen when they woke up the next morning?

6. What has the protagonist been doing since the magical night by the lake?

7. What does the protagonist think about what could have been?

Le Alpi italiane

Le Alpi italiane sono uno spettacolo bellissimo e **maestoso**. Da molti anni sono una destinazione popolare per turisti e scalatori. Ma c'è un gruppo di persone che conosce le Alpi meglio di chiunque altro: le capre di montagna. Per generazioni, queste **creature** dal passo sicuro hanno fatto la loro casa tra le alte vette e le rocce scoscese della catena. Conoscono ogni angolo, ogni sentiero e ogni traccia. E non hanno paura di usarli, anche quando c'è l'uomo. Un giorno **d'estate**, un ragazzo **di nome** Marco stava facendo un'escursione con la sua famiglia sulle Alpi. Si fermò per riposare un momento e fu allora che la vide: una capra di montagna in piedi su una sporgenza proprio sopra di lui! La capra guardò **Marco** con i suoi grandi occhi marroni, come se lo sfidasse ad avvicinarsi.

Il cuore di Marco batteva forte mentre si avvicinava lentamente alla capra. Aveva sempre desiderato accarezzarne una, ma **di solito erano** così lontane. Questa era la sua **occasione**! Ma quando si avvicinò, si rese conto che la capra non era sola. C'era un bambino con lei, aggrappato alla pelliccia della madre. Marco si fermò a guardarli per un attimo prima di continuare il suo cammino. Mentre camminava, non poteva fare a meno di pensare a quelle capre e a quanto fossero fortunate a vivere in un posto così bello.

Qualche giorno dopo, Marco stava facendo un'escursione da solo quando sentì qualcosa di strano: un forte belato provenire da più avanti. Seguì con

The Italian Alps

The Italian Alps are a beautiful and **maljestic** sight. They have been a popular destination for tourists and climbers for many years. But there is one group of people who know the Alps better than anyone else – the mountain goats. For generations, these sure-footed **creatures** have made their home in the high peaks and craggy cliffs of the range. They know every nook and cranny, every path and trail. And they are not afraid to use them, even when humans are around. One **summer** day, a young boy **named** Marco was hiking with his family in the Alps. He stopped to rest for a moment, and that's when he saw it – a mountain goat standing on a ledge just above him! The goat looked at **Marco** with its big brown eyes, as if daring him to come closer.

Marco's heart raced as he slowly approached the goat. He had always wanted to pet one, but they were **usually** so far away. This was his **chance**! But as he got closer, he realized that the goat wasn't alone. There was a baby with it, clinging to its mother's fur. Marco stopped and **watched** them for a moment before continuing on his way. As he walked, he couldn't help but think about those goats and how lucky they were to live in such a beautiful place.

A few days later, Marco was out hiking by himself when he heard something strange – a loud bleating noise coming from up ahead. He cautiously followed the sound until he came to a **clearing** where two mountain

cautela il suono fino ad arrivare a una **radura** dove si trovavano due capre di montagna una accanto all'altra. Ma c'era qualcosa di diverso in queste capre: il loro pelo era tutto aggrovigliato e opaco e sembrava che avessero **combattuto**. Poi Marco vide il motivo: un altro gruppo di capre stava cercando di spingerle giù dal bordo del precipizio! Senza pensarci oltre, Marco corse verso gli animali in lotta e urlò a **squarciagola**. Le capre che le attaccavano hanno dapprima trasalito, ma poi hanno rapidamente rivolto la loro attenzione verso di lui. Vedendo che la loro preda era fuggita, si arresero e si allontanarono al trotto nella foresta, lasciando dietro di sé le due vittime **esauste**.

Marco si avvicinò lentamente alle due capre di montagna, non sapendo se avrebbero avuto paura di lui o meno. Ma, con sua grande **sorpresa**, entrambe gli vennero incontro e gli **accarezzarono la** mano con i loro nasi morbidi. Le accarezzò per un momento prima di ricondurle lungo il sentiero per la strada che aveva percorso. Ci volle un po' di tempo, ma alla fine riuscì a tornare dove stava la sua famiglia. I suoi genitori furono sorpresi di vederlo portare a spasso - e tanto meno **in braccio** - due capre di montagna! Chiamarono subito la stazione **dei ranger** locali perché venissero a prendere gli animali. Il ranger ringraziò Marco per il suo aiuto e gli disse che senza la sua prontezza di riflessi, quelle capre sarebbero sicuramente morte. Mentre Marco guardava i **ranger** allontanarsi con le due capre di montagna, non poté fare a meno di sentirsi felice di averle aiutate.

goats were standing side by side. But there was something different about these goats – their fur was all tangled and matted, and they looked like they had been in a **fight**. Then Marco saw the reason why – another group of mountain goats was trying to push them off the edge of the cliff! Without thinking any further, Marco ran towards the struggling animals and yelled at the top of his **lungs**. The attacking goats startled at first, but then quickly turned their attention towards him instead. Seeing that their prey had escaped, they gave up and trotted away into the forest leaving behind the two **exhausted** victims.

Marco slowly approached the two mountain goats, not sure if they would be scared of him or not. But to his **surprise**, they both came towards him and **nuzzled** his hand with their soft noses. He petted them for a moment before leading them back down the trail the way he had come. It took a while, but eventually he made it back to where his family was staying. His parents were surprised to see him walking – let alone **carrying** – two mountain goats! They quickly called the local **ranger** station to come and pick up the animals. The ranger thanked Marco for his help and told him that without his quick thinking, those goats would have surely died. As Marco watched the **rangers** drive away with the two mountain goats, he couldn't help but feel happy that he was able to help them.

Domande di comprensione

1. Come si chiama il protagonista?

2. Dov'era Marco quando ha visto la capra di montagna?

3. Cosa stava facendo la capra di montagna quando Marco l'ha vista?

4. Marco ha mai avuto la possibilità di accarezzare la capra di montagna?

5. Quale rumore ha sentito Marco mentre faceva un'escursione da solo?

6. Cosa stava succedendo quando Marco trovò le due capre di montagna?

7. Perché le altre capre di montagna attaccarono le due capre di montagna?

8. In che modo Marco ha aiutato le due capre di montagna?

9. Cosa fecero i genitori di Marco quando lo videro con le due capre di montagna?

Comprehension Questions

1. What is the name of the protagonist?

2. Where was Marco when he saw the mountain goat?

3. What was the mountain goat doing when Marco saw it?

4. Did Marco ever get the chance to pet the mountain goat?

5. What noise did Marco hear while he was hiking by himself?

6. What was happening when Marco found the two mountain goats?

7. Why did the other mountain goats attack the two mountain goats?

8. How did Marco help the two mountain goats?

9. What did Marco's parents do when they saw him with the two mountain goats?

L'isola di Sicilia

L'isola di **Sicilia** è un luogo come nessun altro. Con le sue splendide spiagge, le acque cristalline e la cordialità della gente del posto, non c'è da stupirsi che così tante persone si riversino ogni anno sulle sue coste. Ma c'è una cosa che distingue quest'isola dalle altre: la sua storia. Per secoli, la Sicilia è stata un crocevia di culture e **civiltà**, ognuna delle quali ha lasciato il proprio segno sul territorio. Dai Greci ai Romani, dagli Arabi ai **Normanni**, tutti hanno lasciato la loro **impronta** su questo angolo di mondo unico. Ora tocca a voi scoprire tutto ciò che la Sicilia ha da offrire. Appena scesi dall'aereo, si sente il calore del sole siciliano sulla pelle. La prima cosa che **colpisce** è l'odore di limoni nell'aria.

 Seguite il vostro naso e vi trovate in un bellissimo agrumeto. Dopo aver ammirato il panorama per un po', **proseguite il** viaggio per esplorare altri luoghi di quest'isola straordinaria. Trascorrete i giorni successivi a girovagare per la Sicilia, ammirando tutte le sue bellezze e i suoi suoni. Dalle vivaci città alla tranquilla campagna, qui c'è molto da vedere e da fare. Ovunque si vada, si rimane colpiti dalla **cordialità** e dall'accoglienza di tutti. Vi faranno sentire come a casa vostra su quest'isola speciale. L'ultimo giorno, passeggiate lungo una delle **splendide** spiagge siciliane mentre il sole tramonta sul Mar **Mediterraneo**. Mentre osservate le onde che si infrangono sulla riva, riflettete su tutto ciò che quest'isola vi ha dato. Lasciate la Sicilia con il cuore pesante, sapendo che non

The island of Sicily

The island of **Sicily** is a place like no other. With its stunning beaches, crystal clear waters, and friendly locals, it's no wonder that so many people flock to its shores each year. But there is one thing that sets this island apart from the rest: its history. For centuries, Sicily has been a crossroads for cultures and **civilizations**, with each leaving their mark on the land. From the Greeks and Romans to the Arabs and **Normans**, all have left their **imprint** on this unique corner of the world. And now it's your turn to discover all that Sicily has to offer. As you step off the plane, you can feel the heat of the Sicilian sun on your skin. The first thing that **strikes** you is the smell of lemons in the air.

You follow your nose and find yourself in a beautiful citrus grove. After admiring the view for a while, you **continue** on your way to explore more of this amazing island. You spend the next few days wandering around Sicily, taking in all its sights and sounds. From its bustling cities to its tranquil countryside, there's so much to see and do here. And everywhere you go, you're struck by how **friendly** and welcoming everyone is. They make you feel right at home on this special island. On your last day, you take a walk along one of Sicily's **stunning** beaches as the sun sets over the **Mediterranean** Sea. As you watch the waves crashing against the shore, you reflect on all that this island has given. You leave Sicily with a heavy heart, knowing that

dimenticherete mai il tempo trascorso su quest'isola magica. Dalla sua ricca storia alla sua bellezza naturale, è davvero come **nessun** altro posto al mondo. E non vedete l'ora di tornare per esplorare ancora di più ciò che questo luogo incredibile ha da offrire.

L'isola di Sicilia fa parte della vostra vita da sempre. È il luogo in cui siete cresciuti, il luogo da cui proviene la vostra **famiglia**. Ed è anche il luogo che racchiude tanti ricordi felici. Pensate a tutti i momenti trascorsi qui con i vostri amici e i vostri **cari** e sapete che questo è un luogo davvero speciale. **Oggi** la Sicilia non è solo una meta di vacanza, ma anche una casa lontano da casa. Ogni volta che avete bisogno di allontanarvi dal trambusto della vita cittadina, sapete che questa splendida isola vi aspetterà sempre a braccia aperte. Dai suoi paesaggi **mozzafiato** al suo cibo delizioso, **non c'è nessun** altro posto al mondo come la Sicilia. E non importa quanto siate lontani, sentirete sempre il suo calore nel vostro cuore.

you'll never forget the time you spent on this magical island. From its rich history to its natural beauty, it's truly like **nowhere** else in the world. And you can't wait to come back and explore even more of what this amazing place has to offer.

The island of Sicily has been a part of your life for as long as you can remember. It's the place where you grew up, the place where your **family** is from. And it's also the place that holds so many happy memories. You think about all the times you've spent here with your friends and **loved** ones, and you know that this is a special place indeed. **Nowadays**, Sicily isn't just a holiday destination for you; it's also a home away from home. Whenever you need to get away from the hustle and bustle of city life, you know that this beautiful island will always be waiting for you with open arms. From its **stunning** scenery to its delicious food, there's **nowhere** else in the world quite like Sicily. And no matter how far away you are, you'll always feel its warmth inside your heart.

Domande di comprensione

1. Qual è una cosa che distingue l'isola di Sicilia dalle altre?

2. Quali sono i segni che le diverse culture hanno lasciato sull'isola nel corso della storia?

3. Qual è la prima cosa che notate quando scendete dall'aereo in Sicilia?

4. Come vi fa sentire la gente del posto quando esplorate l'isola?

5. Cosa pensate mentre guardate il tramonto del vostro ultimo giorno in Sicilia?

6. Che cosa fa sentire la Sicilia come casa propria?

7. Quali sono alcune delle cose che ami della Sicilia?

8. Che cosa significa per lei la Sicilia?

9. Quali sono i suoi progetti per esplorare la Sicilia in futuro?

Comprehension Questions

1. What is one thing that sets the island of Sicily apart from the rest?

2. What have different cultures left their mark on the island throughout history?

3. What is the first thing you notice when you step off the plane in Sicily?

4. How do the locals make you feel when you're exploring the island?

5. What are your thoughts as you watch the sunset on your last day in Sicily?

6. What is it about Sicily that makes it feel like home?

7. What are some of the things you love about Sicily?

8. What does Sicily mean to you?

9. What are your plans for exploring Sicily in the future?

Notte nel Nord Italia

La notte era fresca e le stelle erano in piena attività.
Ero appena arrivata nel Nord Italia ed ero entusiasta di
esplorare. Cominciai a camminare per la piccola città
in cui alloggiavo, per cogliere i panorami e i suoni di
questo nuovo luogo. Le strade erano vuote, ma c'era
una sensazione di eccitazione nell'aria. Camminai
per un po', **ammirando** l'architettura e fermandomi
a scattare foto qua e là. Girato un angolo, vidi un
gruppo di persone riunite intorno a qualcosa in un
vicolo. Mi sono avvicinata per vedere cosa stessero
guardando. Si trattava di un uomo che suonava una
fisarmonica. Quando mi **avvicinai mi** guardò e mi
sorrise calorosamente prima di ricominciare a suonare.
La musica riempì il vicolo e tutti smisero di ascoltare.
Era bella; triste ma anche edificante, per certi versi.

Mentre ascoltavo la musica, sentii gli occhi iniziare
a lacrimare. All'improvviso, tutte le **preoccupazioni**
e lo stress che avevo a casa mi sono sembrate così
lontane, come se non avessero più importanza.
In quel momento mi sono sentita felice, libera e
spensierata. Quando la canzone finì, tutti applaudirono
con entusiasmo prima di tornare alle loro attività,
lasciandomi sola con i miei pensieri. Ero perso nei
miei pensieri quando qualcuno mi batté sulla spalla,
facendomi trasalire perché pensavo di essere rimasto
solo per qualche minuto. Si è rivelato essere un uomo
anziano che deve aver visto quanto lo **spettacolo** mi
avesse commosso e mi ha raccontato alcune storie

Night in Northern Italy

The night was cool and the stars were out in full force. I had just arrived in Northern Italy and was excited to **explore**. I started walking around the small town I was staying in, taking in the sights and sounds of this new place. The streets were empty, but there was a feeling of excitement in the air. I walked for a while, **admiring** the architecture and stopping to take photos here and there. As I turned a corner, I saw a group of people gathered around something in an alleyway. I approached them to see what they were looking at. It turned out to be a man playing music on an **accordion**. He looked up at me as I **approached** and smiled warmly before starting to play again. The music filled the alleyway, and everyone stopped what they were doing to listen. It was lovely; sad but also uplifting in some ways.

 As I listened to the music, I felt my eyes start to well up with tears. Suddenly, all of my **worries** and stresses from back home seemed so far away, like they didn't matter anymore. For that moment, I just felt happy, free, and carefree. When the song ended, everyone applauded **enthusiastically** before going back about their business, leaving me alone with my thoughts. I was lost in thought when someone tapped me on the shoulder, which startled me because I thought I'd been alone for a few minutes. It turned out to be an old man who must have seen how moved by the **performance**

della sua vita, con le quali non vi annoierò ora, se non per dirvi che a volte **accadono** cose di cui non riusciamo a spiegare il motivo. Ho ringraziato l'uomo per la sua storia e gli ho dato la buonanotte.

Tornai al mio albergo con la mente **piena di** cose nuove che avevo vissuto quella notte. Non avevo mai provato nulla di simile e sapevo che non l'avrei mai dimenticato. Quella sera, mentre ero a letto e fissavo il soffitto, pensai a tutte le cose che mi erano successe da quando ero arrivata in Italia. Mi sembrava che la mia vita stesse **cambiando** sotto i miei occhi e non ero sicura di cosa fare. Sapevo solo che questo viaggio mi aveva aperto gli occhi in molti modi e che ero grata per ogni momento, bello o brutto che fosse. La **mattina** dopo mi svegliai presto e **decisi** di andare a esplorare ancora un po'. Dopo tutto, c'era ancora molto da vedere e da fare. Chissà quali altre avventure mi aspettano?

and told me some stories about his own life, which I won't bore you with now except to say that sometimes things **happen** that we can't explain why. I thanked the man for his story and bid him goodnight.

I walked back to my hotel, my mind **racing** with all of the new things I had experienced that night. It was unlike anything I'd ever experienced before, and I knew that I would never forget it. As I lay in bed that night, staring up at the ceiling, I thought about all of the things that had happened to me since I arrived in Italy.It felt like my life was **changing** before my very eyes, and I wasn't sure what to make of it. All I knew was that this trip had been eye-opening in more ways than one and that I was grateful for every moment, good or bad. The next **morning**, I woke up early and **decided** to go explore some more. After all, there was still so much to see and do. Who knows what other adventures await me?

Domande di comprensione

1. Cosa faceva il protagonista quando è arrivato nel Nord Italia?

2. Cosa ha provato il protagonista quando ha sentito per la prima volta il suonatore di fisarmonica?

3. Cosa disse il vecchio al protagonista?

4. Come si è sentito il protagonista dopo che il vecchio ha raccontato la sua storia?

5. Perché il viaggio del protagonista ha aperto gli occhi?

6. Cosa pensa il protagonista del Nord Italia?

7. Qual è il piano del protagonista per il giorno successivo?

8. Che tipo di emozioni prova il protagonista durante la storia?

9. Qual è la parte della storia che il protagonista preferisce?

Comprehension Questions

1. What was the protagonist doing when they first arrived in Northern Italy?

2. How did the protagonist feel when they first heard the accordion player?

3. What did the old man tell the protagonist?

4. How did the protagonist feel after the old man told his story?

5. Why was the protagonist's trip eye-opening?

6. What does the protagonist think about Northern Italy?

7. What is the protagonist's plan for the next day?

8. What kind of emotions does the protagonist feel during the story?

9. What is the protagonist's favorite part of the story?

In spiaggia

Dopo l'alba, le onde sono più forti e la sabbia sopra la marea è bianca. Cammino verso la spiaggia, **ammirando** il mare e il sole. Le mie dita dei piedi sentono i solchi delle conchiglie. La sabbia è fredda sulle dita dei piedi. Sorrido e continuo a camminare. La marea è alta, quindi devo fare attenzione a non farmi trascinare. Cammino lungo la riva, ammirando il mare. L'alba è **bellissima** e le onde si infrangono. Mi sento così in pace. Arrivo a un punto in cui c'è una roccia affiorante. Mi siedo e guardo le onde. L'acqua è così blu e il cielo è così **arancione**. Mi sembra di essere in un sogno. Chiudo gli occhi e ascolto le onde. Rimasi seduto lì per molto tempo, finché non sentii qualcuno che chiamava il mio nome.

Apro gli occhi e vedo mia madre che viene verso di me. Ha un'espressione preoccupata. Le sorrido e la saluto, e lei **si rilassa**. "Mi chiedevo dove fossi andata", dice. "Sono contenta che ti stia godendo la spiaggia". Io rispondo: "Lo sto facendo". "È così bello qui". "Lo so", dice. "Venivo sempre qui quando avevo la tua età". "Davvero?" Chiedo. "Sì", risponde. "È un posto speciale". "Hai mai incontrato qualcuno di speciale qui?". Le chiedo. "Sì", risponde sorridendo. "Tuo padre". "Davvero?" Dico, **sorpreso**. "Sì", dice lei. "Venivamo sempre qui insieme. È qui che ci siamo innamorati. "Sorrido, **immaginando i** miei genitori che si innamorano su questa bellissima spiaggia. "È un posto speciale", ripete. "Sono felice che siate venuti qui

At the beach

After sunrise, the waves are louder and the sand above the tide is white. I walk down to the beach, **admiring** the sea and the sun. My toes feel the grooves of shells. The sand is cold on my toes. I smile and keep going. The tide is high, so I have to be careful not to get pulled in. I walk along the water's edge, admiring the sea. The sunrise is **beautiful**, and the waves are crashing. I feel so peaceful. I come to a spot where there is a rock outcropping. I sit down and watch the waves. The water is so blue and the sky is so **orange**. I feel like I'm in a dream. I close my eyes and just listen to the waves. I sat there for a long time, until I heard someone calling my name.

I open my eyes and see my mom walking towards me. She has a worried look on her face. I smile and wave, and she **relaxes**. "I was wondering where you went," she says. "I'm glad you're enjoying the beach." I reply, "I am." "It's so beautiful here." "I know," she says. "I used to come here all the time when I was your age." "Really?" I ask. "Yeah," she replies. "It's a special place.""Did you ever meet anyone special here?" I ask. "I did," she replies with a smile. "Your father." "Really?" I say, **surprised**. "Yes," she says. "We used to come here all the time together. It's where we fell in love. " I smile, **imagining** my parents falling in love on this beautiful beach. "It's a special place," she repeats. "I'm glad you came here today."

We sit there for a while longer, **watching** the waves

oggi".

Rimaniamo seduti ancora per un po' a **guardare** le onde e il tramonto. Poi ci alziamo e torniamo ai nostri teli da mare. Mi sdraio e guardo le stelle. Mi sento così felice e soddisfatta. Le onde ora sono più forti e la sabbia è fredda. Il sole sta tramontando e soffia una brezza fresca. Le onde si infrangono sulla riva e nell'aria si sente l'odore del sale. È una serata perfetta per stare in spiaggia. Cammino lungo la riva, **ascoltando** il suono delle onde e guardando il tramonto. Vedo un gruppo di persone sedute sulla sabbia che ridono e scherzano. Sembra che si stiano divertendo molto. Mi avvicino a loro e chiedo se posso unirmi a loro. Mi rispondono di sì e passiamo il resto della serata a parlare, ridere e guardare il **tramonto**. È una serata perfetta. Io e il gruppo parliamo fino al tramonto. Condividiamo storie e battute e ci divertiamo molto. Quando la notte inizia a calare, cominciamo tutti a sentirci stanchi. Ci **salutiamo** con un bacio e ci separiamo. Torno al mio hotel, felice e soddisfatta. Non riesco a credere a quanto sia bello qui. Sono così fortunata ad averlo **vissuto**.

and the sunset. Then we get up and walk back to our beach towels. I lie down and look at the stars. I feel so happy and content. The waves are louder now, and the sand is cold. The sun is setting and a cool breeze is blowing. The waves are crashing against the shore, and the smell of salt is in the air. It is a perfect evening to be at the beach. I am walking along the shore, **listening** to the sound of the waves and watching the sunset. I see a group of people sitting on the sand, laughing and joking around. They look like they are having a great time. I walk over to them and ask if I can join them. They say yes, and we spend the rest of the evening talking, laughing, and watching the **sunset**. It is a perfect evening. The group and I talk until the sun sets. We share stories and jokes, and we all have a great time. As the night starts to fall, we all start to feel tired. We kiss each other **goodbye** and part ways. I walk back to my hotel, feeling happy and content. I can't believe how lovely it is here. I'm so lucky to have **experienced** it.

Domande di comprensione

1. Dove va la narratrice dopo essersi svegliata?

2. Che cosa ammira la narratrice mentre cammina lungo la spiaggia?

3. A che cosa deve fare attenzione la narratrice mentre cammina lungo la spiaggia?

4. Dove si siede il narratore per godersi il panorama?

5. Per quanto tempo il narratore rimane seduto lì?

6. Chi vede la narratrice quando riapre gli occhi?

7. Cosa dice la madre del narratore?

8. Di che cosa parlano il narratore e le persone che incontra?

Comprehension Questions

1. Where does the narrator go after she wakes up?

2. What is the narrator admiring as she walks along the beach?

3. What does the narrator have to watch out for as she walks along the beach?

4. Where does the narrator sit down to enjoy the view?

5. How long does the narrator sit there?

6. Whom does the narrator see when she opens her eyes again?

7. What does the narrator's mother say?

8. What do the narrator and the people she meets talk about?

Campeggio al lago

Cammino verso il lago, **ammirando** la tranquillità della scena. Il sole batte sul piccolo lago, facendo sembrare l'acqua una lastra di vetro. L'unico movimento è l'increspatura occasionale di un pesce **che rompe** la superficie. Anche gli uccelli sembrano prendersi una pausa dal caldo, con il solo suono delle cicale che riempie l'aria. **All'improvviso**, la pace è rotta da un forte tonfo. Un grosso **pesce** è saltato fuori dall'acqua, cercando di catturare una libellula. Il pesce manca il bersaglio e ricade in acqua con un tonfo. "Wow", penso tra me e me, "quello era un pesce grosso!". Mi guardai intorno per vedere se qualcun altro l'avesse visto, ma non c'era nessuno. Immagino che dovrò raccontarlo quando tornerò al campo.

Il caldo è **opprimente** e rende difficile respirare. L'aria è densa e pesante, come una coperta che ti avvolge. L'unico sollievo è l'acqua. È fresca e rinfrescante, come una bibita fresca in una giornata calda. Faccio un respiro profondo e mi immergo nell'acqua. Il sollievo è immediato quando l'acqua fresca mi circonda. Nuoto fino al fondo e poi risalgo in superficie, sentendo l'acqua rinfrescare il mio corpo. Continuo a **nuotare** a vasche, godendomi la tregua dal caldo. Dopo un po' esco dall'acqua e mi sdraio sull'erba, lasciando che il sole asciughi il mio corpo. Chiudo gli occhi e mi addormento, mentre il suono delle **cicale** mi culla in un sonno profondo. Lascio che il sole scrosti l'acqua dalla mia pelle. Sento la pelle arrossarsi, ma non mi importa.

Camping at the Lake

I walk towards the lake, **admiring** the peacefulness of the scene. The sun is beating down on the small lake, making the water look like a sheet of glass. The only movement is the occasional ripple from a fish **breaking** the surface. Even the birds seem to be taking a break from the heat, with only the sound of cicadas filling the air. **Suddenly**, the peace is broken by a loud splash. A large **fish** has jumped out of the water, trying to catch a dragonfly. The fish misses its target and falls back into the water with a splash. "Wow," I think to myself, "that was a big fish!." I looked around to see if anyone else saw it, but there was no one around. I guess I'll have to tell them when I get back to camp.

The heat is **oppressive**, making it hard to breathe. The air is thick and heavy, like a blanket wrapped around you. The only relief is in the water. It is cool and refreshing, like a cold drink on a hot day. I take a deep breath and dive into the water. The relief is immediate as the cool water surrounds me. I swim down to the bottom and then back up to the surface, feeling the water cool my body. I continue **swimming** laps, enjoying the respite from the heat. After a while, I get out of the water and lie down on the grass, letting the sun dry my body. I close my eyes and drift off to sleep, the sound of the **cicadas** lulling me into a deep slumber. I let the sun bake the water out of my skin. I can feel my skin getting red, but I don't care. I am too hot to care.The next thing I know, the sun is setting.

Sono troppo accaldato per preoccuparmene. Il cielo è di un bellissimo arancione, con striature di rosa e viola. Il caldo è scomparso, sostituito da una fresca **brezza**.

Mi alzo e mi rivesto, sentendomi rinfrescata e ringiovanita. **Respiro** profondamente l'aria fresca e sorrido. È bello essere vivi. Torno al campeggio, ammirando il modo in cui i colori danzano nel cielo. Vedo il fuoco che arde in lontananza e sento l'odore del fumo nell'aria. Sorrido e **accelero il** passo. Sono pronto a rilassarmi e a godermi il resto della serata. Entro nel campeggio e vedo che tutti sono riuniti intorno al fuoco. **Ridono** e scherzano e posso vedere il fuoco riflesso nei loro occhi. Sorrido e mi siedo accanto ai miei amici. È bello essere tornati. La mattina dopo mi sveglio presto e comincio a raccogliere le mie cose. Sono impaziente di riprendere il cammino e continuare il mio viaggio. Saluto i miei amici e mi incammino. Mentre cammino, do un'ultima occhiata al **campeggio**. Vedo il fuoco ancora acceso in lontananza e sento l'odore del fumo nell'aria. Sorrido e accelero il passo. Sono pronto a continuare il mio **viaggio**.

The sky is a beautiful orange, with streaks of pink and purple. The heat is gone, replaced by a cool **breeze**.

I get up and put my clothes back on, feeling refreshed and rejuvenated. I take a deep **breath** of the cool air and smile. It feels good to be alive. I walk back to the campsite, admiring the way the colors dance in the sky. I can see the campfire burning in the distance, and I can smell the smoke in the air. I smile and **quicken** my pace. I am ready to relax and enjoy the rest of my evening. I walk into the campsite and see that everyone is gathered around the fire. They are **laughing** and joking, and I can see the fire reflecting in their eyes. I smile and sit down next to my friends. It is good to be back. The next morning, I wake up early and start to pack up my things. I am eager to get back on the trail and continue my journey. I say goodbye to my friends and start to walk away. As I walk, I take one last look at the **campsite**. I can see the fire still burning in the distance, and I can smell the smoke in the air. I smile and quicken my pace. I'm ready to continue my **journey**.

Domande di comprensione

1. Dove sta andando il camminatore?

2. Che tempo fa?

3. Che aspetto ha l'acqua?

4. Come reagisce il deambulatore al calore?

5. Cosa sta facendo il pesce?

6. Perché il camminatore è solo?

7. Come si sente l'acqua?

8. Come si sente il camminatore dopo il nuoto?

9. A che ora del giorno si sveglia il deambulatore?

10. Dove va l'ambulante quando lascia il campo?

Comprehension Questions

1. Where is the walker going?

2. What kind of weather is it?

3. What does the water look like?

4. How does the walker react to the heat?

5. What is the fish doing?

6. Why is the walker alone?

7. How does the water feel?

8. How does the walker feel after swimming?

9. What time of day is it when the walker wakes up?

10. Where does the walker go when he leaves the camp?

La casa

La settimana scorsa mi sono trasferita nella mia nuova casa e sono così **entusiasta**! È molto più grande di quella vecchia e ha un grande cortile. Non vedo l'ora di invitare gli amici per grigliate e feste. La mia parte **preferita** è la mia nuova camera da letto. È così grande e luminosa e ho molto spazio per mettere tutte le mie cose. Sono molto contenta della mia nuova casa e penso che sarò molto felice qui. Ho deciso di esplorare ancora un po' la casa. Sono salita al secondo piano e ho iniziato a dirigermi verso la cucina quando ho visto un grosso ragno nero sul muro! Ho urlato e sono corsa di sotto. Ero così **spaventata**! Ma dopo qualche minuto mi sono calmata e ho deciso di tornare di sopra. Mi sono avvicinata lentamente alla cucina e ho visto che il ragno non c'era più. Ero così sollevata! Tornai al piano di sotto e decisi di uscire per esplorare il **giardino**. Era così grande! Non potevo crederci. Vidi un'altalena in un angolo e uno scivolo. Vidi anche una rete da basket e un **trampolino**. Ero così eccitato!

Non vedo l'ora di usare tutto questo nuovo materiale. I **vicini sono** venuti e si sono presentati. Sembravano molto gentili e abbiamo parlato per un po'. Mi hanno invitato al loro barbecue il prossimo fine settimana e ho detto che mi sarebbe piaciuto venire. La prima settimana nella mia nuova casa è stata fantastica e sono entusiasta di tutte le nuove avventure che mi aspettano. Oggi andrò di nuovo a esplorare il cortile per vedere cos'altro riesco a trovare. Chissà, forse troverò anche un **tesoro**. Non vedo l'ora di vedere cosa mi

The House

I moved into my new house last week, and I am so **excited**! It is so much bigger than my old one, and it has a big backyard. I can't wait to have friends over for BBQs and parties. My **favourite** part is my new bedroom. It is so big and bright, and I have lots of space to put all of my things. I am really happy with my new house and I think I will be very happy here. I decided to explore the house a bit more. I went upstairs to the second floor and started making my way to the kitchen when I saw a big black spider on the wall! I screamed and ran downstairs. I was so **scared**! But after a few minutes, I calmed down and decided to go back upstairs. I slowly made my way to the kitchen and saw that the spider was gone. I was so relieved! I went back downstairs and decided to go outside to explore the **backyard**. It was so big! I couldn't believe it. I saw a swing set in the corner and a slide. I also saw a basketball net and a **trampoline**. I was so excited!

I can't wait to use all of this new stuff. The **neighbours** came over and introduced themselves. They seemed really nice, and we talked for a while. They invited me to their BBQ next weekend, and I said I would love to come. I had a great first week in my new house, and I am excited about all of the new adventures that are ahead. Today, I am going to go exploring in the backyard again and see what else I can find. Who knows, maybe I'll even find some **treasure**. I can't wait to see what the next week brings! The next week, I went exploring in the backyard again, and I found a

porterà la prossima settimana! La settimana successiva sono andata di nuovo in esplorazione nel cortile e ho trovato un giardino **segreto**. Era così bello! C'erano fiori dappertutto e un laghetto con i pesci. Ho visto anche un'altalena che non avevo mai visto prima. Ero così entusiasta di aver trovato questo giardino segreto e non vedo l'ora di esplorarlo ancora. Era così **bello**!

C'erano fiori dappertutto e un laghetto con dei pesci. Ho visto anche un'**altalena** che non avevo mai visto prima. Ero così entusiasta di aver trovato questo giardino segreto e non vedo l'ora di esplorarlo meglio. Mi è piaciuta molto anche la mia nuova stanza. Era così grande e luminosa e sulle pareti c'erano già i poster delle mie band preferite. Non ho nemmeno dovuto portare i miei **mobili**, perché c'erano già un letto, una cassettiera e una scrivania. Questo sarà l'anno migliore di sempre! Ero un po' nervosa all'idea di iniziare una nuova **scuola**, ma tutti i miei nuovi vicini sono stati così amichevoli. Ho persino conosciuto una ragazza che abita nella casa accanto e ha detto che verrà a scuola con me il primo giorno. Adoro la mia nuova casa e sono così entusiasta di iniziare questo nuovo capitolo della mia vita! Domani sarà fantastico! Mi chiedo quali avventure mi aspettano. Tutte le mie cose sono state disfatte e sono pronta per andare a letto. Non vedo l'ora di vedere cosa mi aspetta **domani**!

secret garden. It was so beautiful! There were flowers everywhere and a little pond with fish in it. I also saw a swing set that I hadn't seen before. I was so excited to find this secret garden, and I can't wait to explore it more. It was so **beautiful**!

There were flowers everywhere and a little pond with fish in it. I also saw a **swing** set that I hadn't seen before. I was so excited to find this secret garden, and I can't wait to explore it more. I also loved my new room. It was so big and bright, and there were already posters of my favourite bands on the walls. I didn't even have to bring any of my own **furniture** because there was already a bed, dresser, and desk here. This is going to be the best year ever! I was a little nervous about starting at a new **school**, but all of my new neighbours have been so friendly. I even met a girl who lives next door, and she says that she'll walk to school with me on my first day. I love my new house, and I'm so excited to start this new chapter in my life! Tomorrow is going to be great! I wonder what adventures lie ahead. All of my belongings have been unpacked, and I'm ready for bed. I can't wait to see what **tomorrow** brings!

Domande di comprensione

1. Dove vive la persona?

2. Come si trova la persona nella nuova casa?

3. Qual è la parte preferita della nuova casa?

4. Che cosa ha trovato la persona nel giardino?

5. Chi sono i vicini?

6. Come sono stati i primi giorni nella nuova casa?

7. Qual è la parte preferita della nuova stanza?

8. Che cosa ha intenzione di fare domani?

9. Qual è stata la parte migliore della prima settimana nella nuova casa?

10. Che cosa c'è nella nuova stanza della persona?

Comprehension Questions

1. Where does the person live?

2. How does the person like it in the new house?

3. What is the person's favorite part of the new house?

4. What did the person find in the garden?

5. Who are the neighbors?

6. How did the person's first days in the new house feel?

7. What is the person's favorite part of the new room?

8. What is the person planning to do tomorrow?

9. What was the best part of the person's first week in the new house?

10. What is everything in the person's new room?

Sul treno

Corsi alla stazione ferroviaria, ma ero troppo in ritardo. Il treno era già partito senza di me. Mi sentivo così **arrabbiata** e **delusa** con me stessa. Avevo intenzione di prendere il treno per andare a trovare i miei nonni che vivono in campagna, ma ora avrei dovuto aspettare un'ora intera per il treno successivo. Decisi invece di passeggiare un po' per la città, cercando di dimenticare l'occasione persa. Mentre camminavo, ho iniziato a **sognare a occhi aperti** tutti i luoghi in cui il **treno** può portarti. Improvvisamente, non ero più così arrabbiata. Rientro in stazione e non posso fare a meno di notare la grande locomotiva rossa, bianca e blu che si dirige verso di me. Solo quando vedo il **capotreno che** mi saluta dal finestrino capisco che quel treno è per me. Salgo sul treno e trovo il mio posto, sistemandomi per quello che si preannuncia un lungo viaggio.

Mentre usciamo dalla stazione, non posso fare a meno di chiedermi dove mi porterà questo treno. Attraverso **campi** verdi e fiumi blu, passando per montagne e valli, non si sa dove andrà questo vecchio treno. Quando inizia a calare la notte, mi addormento in un sonno **tranquillo**, cullato dal movimento **ritmico** dei vagoni sui binari sottostanti. Quando arriva il mattino, apro gli occhi e scopro che siamo arrivati in una piccola città nel bel mezzo del nulla. Il sole fa appena capolino all'orizzonte, mentre la gente del posto inizia a girare per la Main Street; sembra un giorno come un altro, tranne che per una cosa: c'è un grande cartello affisso

On the train

I ran to the train station, but I was too late. The train had already left without me. I felt so **angry** and **disappointed** with myself. I had been planning to take the train to visit my grandparents who live in the country, but now I would have to wait a whole hour for the next train. I decided to walk around the city for a while instead and tried to forget about my missed opportunity. As I walked, I started **daydreaming** about all of the places that **trains** can take you. Suddenly, I wasn't so upset anymore. I head back into the station and can't help but to notice the large red, white, and blue locomotive chugging its way towards me. It's not until I see the **conductor** waving at me from the window that I realise that this train is for me. I board the train and find my seat, settling in for what promises to be a long journey.

As we pull out of the station, I can't help but wonder where this train will take me. Through **fields** of green and over rivers blue, past mountains and valleys too, there's no telling where this old train will go. As night begins to fall, I drift off into a **peaceful** sleep, lulled by the **rhythmic** movement of the cars on the tracks below. When morning comes again, I open my eyes to find that we've arrived in a small town somewhere in the middle of nowhere. The sun is just peeking over the horizon as locals start milling about on Main Street; it looks like any other day here except for one thing-there's a big sign posted near City Hall that

vicino al municipio che recita "Benvenuti a bordo!". Sembra che questa piccola città ci stesse aspettando, anche se siamo solo un normale treno **passeggeri** di passaggio sulla nostra strada. Mentre ci lasciamo ancora una volta la città alle spalle, andando verso chissà dove, sorrido a tutte le facce amichevoli che ci salutano da quelle casette incastonate tra i **campi coltivati:** è davvero incredibile come qualcosa di così apparentemente ordinario possa portare tanta gioia semplicemente passando di lì. E poi, naturalmente, ci sono i **bambini**.

Mi affaccio al finestrino della mia locomotiva. Mi fanno sempre sentire così felice con i loro occhi lucidi e i loro grandi sorrisi. Li saluto energicamente prima di tornare nella mia **cabina** e sedermi. È stata già una lunga giornata, ma non è ancora finita; mancano ancora alcune ore per raggiungere la nostra **destinazione** finale. Tiro fuori il mio libro e inizio a leggere, lasciando che il dondolio ritmico del treno mi culli in uno stato di pace. Di tanto in tanto alzo lo sguardo verso il paesaggio che passa fuori: non diventa mai vecchio, anche se lo vedo tante volte. Alla fine inizia a calare la notte e le luci **scintillanti** cominciano ad apparire in lontananza; ci stiamo avvicinando. Presto entriamo nella stazione e ci fermiamo. Mentre i passeggeri iniziano a scendere, non posso fare a meno di **riflettere** su come i treni siano sempre stati una parte importante della mia vita. Mi hanno portato in tante avventure, reali e **immaginarie**, e per questo gli sarò sempre grato.

reads "Welcome aboard!" It seems this little town has been expecting us, even though we're just an ordinary **passenger** train passing through on our way elsewhere. As we leave town behind us once more, chugging along towards who knows where next, I smile at all the friendly faces waving goodbye from those little houses nestled amongst **farmland**—it really is amazing how something so seemingly ordinary can bring so much joy simply by passing through. And then, of course, there are the **children**.

I lean out the window of my locomotive. They always make me feel so happy with their shining eyes and big grins. I waved back at them energetically before returning to my **cabin** and taking a seat. It's been a long day already, but it's not over yet; there's still another few hours until we reach our final **destination**. I pull out my book and start reading, letting the rhythmic rocking of the train lull me into a peaceful state. Every now and then I glance up at the scenery passing by outside— it never gets old no matter how many times I see it. Eventually, night starts to fall and **twinkling** lights start to appear in the distance; we're getting close now. Soon enough, we're pulling into the station and coming to a stop. As passengers start disembarking, I can't help but **reflect** on how trains have always been such an important part of my life. They've taken me on so many adventures, both real and **imaginary**, and for that I will be forever grateful.

Domande di comprensione

1. Dove va il treno?

2. Chi viaggia sul treno?

3. Quando parte il treno?

4. Come fa il protagonista a salire sul treno?

5. Da dove viene il treno?

6. Dove è diretto il treno?

7. Quando sono arrivati i passeggeri?

8. Come si sente il protagonista quando perde il treno?

9. Come reagisce il macchinista quando vede il protagonista?

10. Perché al protagonista piacciono i treni?

Comprehension Questions

1. Where is the train going?

2. Who is traveling on the train?

3. When does the train leave?

4. How does the protagonist get on the train?

5. Where does the train come from?

6. Where is the train going next?

7. When did the passengers arrive?

8. How does the protagonist feel when he misses the train?

9. How does the train driver react when he sees the protagonist?

10. Why does the protagonist like trains.

Cucinare la cena

Sono le 17.00 e sto tornando a casa dal lavoro. Non vedo l'**ora** di passare una serata tranquilla a casa con il mio compagno. Cucineremo insieme la cena e poi ci rilasseremo per il resto della serata. È bello sapere che questa **sera non ho** programmi o obblighi. Arrivo a casa e il mio partner è già in cucina a preparare la cena. C'è un profumo **fantastico** qui dentro! Chiacchieriamo mentre cuciniamo, raccontandoci le nostre giornate e condividendo piccole storie della nostra vita lavorativa. La cucina è la mia stanza preferita del nostro appartamento. Adoro cucinare e soprattutto adoro farlo con il mio compagno. Ci divertiamo sempre molto qui dentro, ridendo e scherzando mentre cuciniamo. Inoltre, il cibo è sempre **incredibile** quando lavoriamo **insieme**.

Stasera prepariamo una delle mie ricette preferite di sempre: il **pollo** alla parmigiana. Il mio collega inizia a impanare il pollo, mentre io faccio cuocere la salsa sul **fuoco**. Lavoriamo insieme come una macchina ben oliata e in poco tempo la cena è pronta da servire. Ci sediamo al tavolo della nostra cucina con i **piatti** colmi di pollo alla parmigiana, pasta e insalata. Facciamo tintinnare i bicchieri e assaggiamo il primo boccone... ed è **paradisiaco**! Il pollo è croccante all'esterno ma succoso all'interno; il sugo è saporito e perfetto; la pasta è cotta al dente... tutto ha un sapore assolutamente perfetto stasera. Sappiamo entrambi che questa è stata una di quelle sere in cui tutto si è unito alla perfezione, mentre **assaporiamo** fino

Cooking Dinner

It's 5 pm now and I am walking home from work. I'm looking **forward** to having a calm evening at home with my partner. We'll cook dinner together and then just relax for the rest of the night. It feels good to know that I don't have any plans or obligations this **evening**. I arrive home and my partner is already in the kitchen, starting to prepare our dinner. It smells **amazing** in here! We chat as we cook, catching up on each other's days and sharing little stories from our work lives. The kitchen is my favourite room in our apartment. I love cooking, and I especially love cooking with my partner. We always have such a good time in here, laughing and joking around while we cook up a storm. Plus, the food is always **incredible** when we work **together**.

Tonight, we're making one of my all-time favourite recipes: **chicken** Parmesan. My partner starts by breading the chicken while I get the sauce simmering on the **stovetop**. We work together like a well-oiled machine, and before long, dinner is ready to serve. We sit down at our little kitchen table with **plates** heaped high with chicken Parmesan, pasta, and salad. We clink glasses and take our first bite—and it's **heavenly**! The chicken is crispy on the outside but juicy on the inside; the sauce is flavorful and perfect; the pasta is cooked al dente... everything tastes absolutely perfect tonight. We both know that this was one of those nights where everything just came together perfectly as we **savour** every last bite of our delicious meal. It tasted even

all'ultimo boccone il nostro delizioso pasto. Il sapore era persino migliore del profumo, che era dannatamente buono! Finiamo il pasto relativamente in fretta, visto che oggi nessuno dei due ha particolarmente fame, ma ci prendiamo il tempo necessario per goderci qualche altro **bicchiere di** vino chiacchierando con leggerezza di questo e quell'argomento. Dopo cena, puliamo velocemente insieme e poi ci spostiamo in salotto, dove passiamo un po' di tempo **a coccolarci** sul divano guardando la TV.

È così bello stare vicini dopo una lunga giornata di **lavoro**. Mi sento soddisfatta. Anche se non abbiamo avuto una serata movimentata, è stato bello passare un po' di tempo insieme senza dover uscire di casa. Abbiamo guardato un film e siamo andati a letto presto, sentendoci **soddisfatti** della nostra semplice serata. Questa è diventata una delle cose che **preferiamo** fare nelle sere in cui non vogliamo uscire: rilassarci a casa e goderci la reciproca compagnia con un pasto fatto in casa. È sempre bello sapere che possiamo tornare qui dopo una lunga giornata ed essere semplicemente noi stessi. **Alla fine** entrambi iniziamo a sbadigliare, così decidiamo di andare a letto al piano di sopra, dove leggiamo un po' prima di accoccolarci sotto le coperte e addormentarci profondamente.

better than it smelled—which was pretty damn good! We finish our meal relatively quickly as neither of us is particularly hungry today, but we take our time enjoying a few more **glasses** of wine while chatting lightly about this and that topic. After dinner, we clean up quickly together and then move into the living room, where we spend some time **cuddling** on the couch while watching TV.

It feels so nice just being close to each other after a long day apart **working**. I feel content. Even though we didn't have an eventful evening, it was nice to just spend some time together without having to leave the house. We watched a movie and went to bed early, feeling **satisfied** with our simple night in. This has become one of our **favourite** things to do on nights when we don't want to go out—just relax at home and enjoy each other's company over a home-cooked meal. It's always nice to know that we can come back here after a long day and just be ourselves. **Eventually**, we both start yawning, so we decide to head upstairs to bed, where we read for a bit before snuggling close under the covers and falling asleep soundly.

Domande di comprensione

1. Da dove viene il narratore?

2. Cosa fa il narratore dopo il lavoro?

3. Cosa mangia il narratore per cena?

4. Perché al narratore piace la cucina?

5. Che tipo di piatto cucina la coppia?

6. Come si sente il narratore alla fine della serata?

7. Qual è la cosa che la coppia preferisce fare?

8. Cosa fa la coppia quando è stanca?

9. Dove dormono?

10. Perché al narratore piace stare a casa?

Comprehension Questions

1. Where does the narrator come from?

2. What does the narrator do after work?

3. What does the narrator eat for dinner?

4. Why does the narrator like the kitchen?

5. What kind of dish does the couple cook?

6. How does the narrator feel at the end of the evening?

7. What is the couple's favorite thing to do?

8. What do the couple do when they get tired?

9. Where do they sleep?

10. Why does the narrator like to stay at home?

Camminare verso casa

Era una notte **tranquilla** mentre tornavo a casa dal lavoro. Mentre camminavo, non potevo fare a meno di sorridere ai ricordi. Era bello tornare nel mio vecchio quartiere. Salutai alcune persone che conoscevo e loro ricambiarono il saluto. Era bello essere a casa. Passai davanti alla mia vecchia scuola e **ricordai** tutti i bei momenti passati con i miei amici. Tornavamo sempre a casa insieme e parlavamo della nostra giornata. **A volte ci** fermavamo a prendere un gelato o andavamo al parco. Erano i momenti migliori. Mi mancano quei momenti. Ma ora ho la mia famiglia e sono felice della mia vita. Sono felice di poter guardare indietro a quei ricordi e sorridere. Sono una parte della mia vita che conserverò per sempre. Erano i tempi migliori. Mi mancano quei tempi. Ma ora ho la mia famiglia e sono felice della mia vita. Sono felice di poter guardare indietro a quei **ricordi** e sorridere. Sono una parte della mia vita che conserverò per sempre.

Continuo a camminare, pensando ai bei momenti passati con i miei amici. So che li rivedrò presto. Mi dirigo verso casa e decido di passeggiare in un parco lì vicino. Il sole sta tramontando e il cielo sta diventando di un **bel** colore arancione. Il parco è vuoto, a parte qualche uccello che cinguetta tra gli alberi. Faccio un **respiro** profondo e sorrido. Mentre cammino nel parco, vedo una stella cadente che attraversa il cielo. Esprimo un desiderio su quella stella e continuo a camminare.

Walking Home

It was a **peaceful** night as I walked home from work. As I walked, I couldn't help but smile at the memories. It felt good to be back in my old neighborhood. I waved to a few people I knew, and they waved back. It was good to be home. I walked past my old school and **remembered** all the good times I had with my friends. We would always walk home together and talk about our day. **Sometimes** we would stop and get ice cream or go to the park. Those were the best times. I miss those times. But now I have my own family and I'm happy with my life. I'm glad I can look back on those memories and smile. They are a part of my life that I will always cherish. Those were the best times. I miss those times. But now I have my own family and I'm happy with my life. I'm glad I can look back on those **memories** and smile. They are a part of my life that I will always cherish.

I keep walking, thinking about the good times I had with my friends. I know I'll see them again soon. I head towards my home and decide to walk through a park nearby. The sun is setting and the sky is turning a **beautiful** orange color. The park is empty, except for a few birds chirping in the trees. I take a deep **breath** and smile. As I walk through the park, I see a shooting star streak across the sky. I made a wish on that star, and kept walking. I think about my day at work and how **peaceful** it was. I smile to myself, thinking about how lucky I am to have such a great job. I walk home,

Penso alla mia giornata di lavoro e a quanto sia stata **tranquilla**. Sorrido tra me e me, pensando a quanto sono fortunata ad avere un lavoro così bello. Cammino verso casa, **sentendo** l'aria fresca della notte sulla mia pelle. Mi sento così viva e felice, godendomi il semplice atto di tornare a casa in una notte tranquilla.
Mi sentivo così bene che iniziai a **fischiettare**. Passai accanto ad alcune persone per strada, ma tutte si facevano gli affari loro.

Svoltato l'angolo della mia strada, vidi il gatto del mio vicino, Mr. Whiskers, seduto sul mio portico. Lo salutai e lui ricambiò il miagolio. **Aprii la** porta ed entrai.
Ero così felice di essere a casa. Mi tolsi le scarpe e mi preparai per andare a letto. Quella sera andai a letto felice e grata, con il cuore pieno d'amore. Dormii profondamente per tutta la notte, senza preoccuparmi di nulla. Mi svegliai da un sonno ristoratore e fui **accolta** dal sole che entrava dalla finestra. Mi alzai dal letto e mi stiracchiai, facendo un respiro profondo e sentendo l'aria fresca riempirmi i polmoni. Mi avvicinai alla finestra e guardai fuori, sentendo gli uccelli cinguettare e gli **scoiattoli** giocare. Sorrisi e andai a vestirmi, sentendomi felice e soddisfatta. Ho trascorso una bella giornata, trascorrendo del tempo con i miei **amici** e la mia famiglia. Ho riso e scherzato e mi sono **divertita**.

feeling the cool night air on my skin. I feel so alive and happy, just enjoying the simple act of walking home on a peaceful night.

I felt so good, I started **whistling**. I walked past a few people on the street, but they were all minding their own business.

I turned the corner onto my street and saw my neighbor's cat, Mr. Whiskers, sitting on my porch. I said hello to him and he meowed back. I **unlocked** my door and went inside. I was so happy to be home. I took off my shoes and got ready for bed. I went to bed that night feeling happy and grateful, my heart full of love. I slept soundly through the night, not worrying about anything. I woke up from a restful sleep and was **greeted** by the sun shining in through my window. I got out of bed and stretched, taking a deep breath and feeling the cool air fill my lungs. I walked to my window and looked out, hearing the birds chirping and the **squirrels** playing. I smiled and went to get dressed, feeling happy and content. I had a great day, spending time with my **friends** and family. I laughed and joked and just **enjoyed** myself.

Domande di comprensione

1. Cosa stava facendo il protagonista quando è iniziata la storia?

2. A cosa pensava il protagonista mentre tornava a casa?

3. Cosa faceva il protagonista con gli amici dopo la scuola?

4. Cosa manca al protagonista di quei tempi?

5. Cosa pensa il protagonista della sua vita attuale?

6. Cosa fa il protagonista quando vede una stella cadente?

7. Come si sente il protagonista quando torna a casa?

8. Cosa fa il protagonista quando torna a casa?

9. Come si sente il protagonista quando si sveglia la mattina dopo?

Comprehension Questions

1. What was the protagonist doing when the story started?

2. What did the protagonist think about when walking home?

3. What did the protagonist used to do with friends after school?

4. What does the protagonist miss about those times?

5. What does the protagonist think about their current life?

6. What does the protagonist do when they see a shooting star?

7. How does the protagonist feel when they walk home?

8. What does the protagonist do when they get home?

9. How does the protagonist feel when they wake up the next morning?

Il castello

La famiglia aveva sempre desiderato visitare un antico castello in **Germania** e finalmente ha intrapreso il viaggio. Non sono rimasti **delusi**. Il castello era bellissimo e si sono divertiti a esplorare le sue stanze e i suoi corridoi. La prima cosa che li colpì fu l'odore. Trovarono **muffa**, umidità e qualcos'altro che non riuscirono a definire con precisione. La seconda cosa è stata il suono. I muri di pietra sono spessi, ma non attutiscono completamente il suono. Sentirono ogni passo, ogni parola pronunciata con voce normale e l'occasionale gocciolio dell'acqua **da qualche parte** in lontananza. Quando i loro occhi si adattarono alla luce fioca, videro le massicce mura di pietra che incombevano intorno a loro, con gli arazzi appesi a **brandelli**.

Si trovavano in un'enorme sala con un alto soffitto sostenuto da pilastri scolpiti. Anche a loro piaceva molto la vista che si godeva dalle torrette e i bambini si divertivano un mondo a correre per il parco. Quando finirono di esplorare il castello, il **sole** era già tramontato e si pentirono di non aver portato una **torcia**. Decisero di tornare all'ingresso, ma si persero subito. Vagarono per ore e ore, finché alla fine trovarono una porta che conduceva all'esterno. Proseguirono fino **alla** fine del corridoio e si trovarono davanti a un'imponente serie di doppie porte. Per quanto potessero, le porte non si muovevano. Scricchiolano **minacciosamente**, ma non si muovono di un millimetro. Sembrava che chiunque fosse stato qui prima dovesse essere passato di qui

The castle

The family had always wanted to visit an old castle in **Germany**, and finally they took the trip. They were not **disappointed**. The castle was beautiful, and they enjoyed exploring its many rooms and corridors. The first thing that hit them was the smell. They found **mould**, dampness, and something else they couldn't quite put their finger on. The second thing was the sound. Stone walls are thick, but they don't deaden sound completely. They heard every footstep, every word spoken in a normal voice, and the occasional drip of water **somewhere** in the distance. As their eyes adjusted to the dim light, they saw massive stone walls looming all around them, tapestries hanging from them in **tattered** shreds.

They were standing in a huge hall with a high ceiling supported by carved pillars. They also loved the views from the turrets, and the kids had a great time running around the grounds. The **sun** had begun to set by the time they finished exploring the castle, and they regretted that they hadn't brought a **flashlight**. They decided to make their way back to the entrance, but soon found themselves lost. They wandered around for what felt like hours, until finally they came across a door that led outside. They continued until they **reached** the end of the hall and came to an imposing set of double doors. Try as they might, the doors wouldn't budge. They rattle **ominously** but don't move an inch. It looked like whoever was here before must have gone through here and locked them from inside. Eventually, they find

e averle chiuse dall'interno. Alla fine trovano una via d'uscita. Il sollievo li invade mentre escono nell'aria fresca della notte.

Il sole aveva iniziato a tramontare e si **pentirono di non aver** portato una torcia. Decisero di tornare all'ingresso, ma si persero subito. Vagarono per ore e ore, finché alla fine trovarono una porta che conduceva all'**esterno**. Il sollievo li colse quando uscirono nell'aria fresca della notte. La sera successiva si assicurarono di portare con sé una torcia per esplorare il resto del castello. Attraversarono il **cortile** e scesero fino al fiume che scorreva dietro le mura del **castello**. Mentre camminavano, cominciarono a sentire strani rumori. Sembrava che qualcuno li stesse seguendo. Accelerarono il passo, ma i rumori diventavano sempre più forti e vicini. La famiglia tornò al castello il più velocemente possibile e si accorse con sollievo che la figura con il mantello **scuro** non li aveva seguiti.

Tornarono in camera e cercarono di dimenticare l'accaduto, ma non riuscirono a liberarsi della sensazione che qualcosa li stesse osservando dall'ombra. Una volta entrati, **barricarono** porte e finestre e chiamarono la polizia. Fu una lunga notte, ma alla fine la polizia arrivò e arrestò la figura. In seguito scoprirono che si trattava di un uomo del posto, noto per travestirsi e spaventare la gente. Lo faceva da anni e si trattava solo di uno scherzo **innocuo**. Tuttavia, questa volta aveva esagerato e aveva spaventato le persone sbagliate. La polizia lo ha arrestato e accusato di violazione di domicilio e disturbo della quiete pubblica.

a way out. Relief washed over them as they stepped out into the cool night air.

The sun had begun to set, and they **regretted** that they hadn't brought a flashlight. They decided to make their way back to the entrance, but soon found themselves lost. They wandered around for what felt like hours, until finally they came across a door that led **outside**. Relief washed over them as they stepped out into the cool night air. The next evening, they made sure to take a flashlight with them as they explored the rest of the castle. They walked through the **courtyard** and down to the river that ran behind the **castle** walls. As they walked around, they began to hear strange noises. It sounded like someone was following them. They quickened their pace, but the noises got louder and closer. The family ran back to the castle as fast as they could, and they were relieved to see that the figure in the **dark** cloak had not followed them.

They went back to their room and tried to forget about what had happened, but they could not shake the feeling that something was watching them from the shadows. Once they were inside, they **barricaded** the doors and windows and called the police. It was a long night, but eventually the police arrived and apprehended the figure. They later found out that it was just a local man who was known to dress up and scare people. He had been doing it for years, and it was just a **harmless** prank. However, this time he had gone too far and scared the wrong people. The police arrested him and charged him with trespassing and disturbing the peace.

Domande di comprensione

1. Cosa fece la famiglia quando si perse nel castello?

2. Come si è sentita la famiglia quando ha scoperto che si trattava solo di un uomo del posto?

3. Che cosa ha fatto l'uomo che lo ha fatto arrestare?

4. Qual è stata la sentenza per l'uomo?

5. Quale rumore ha sentito la famiglia mentre camminava?

6. Dov'era la figura con il mantello scuro quando la famiglia lo vide?

7. Che cosa ha fatto la famiglia quando è tornata nella sua stanza?

8. Quando la famiglia è tornata a esplorare il castello?

9. Qual era la cosa che la famiglia non riusciva a capire?

Comprehension Questions

1. What did the family do when they got lost in the castle?

2. How did the family feel when they found out it was just a local man?

3. What did the man do that got him arrested?

4. What was the sentence for the man?

5. What noise did the family hear while they were walking?

6. Where was the figure in the dark cloak when the family saw him?

7. What did the family do when they got back to their room?

8. When did the family go explore the castle again?

Il mio giardino

Il mio giardino è il mio luogo felice. Esco ogni giorno, con la pioggia o con il sole, e passo il tempo a curare le mie piante. Ho un po' di **tutto: verdure**, frutta, fiori, erbe aromatiche. Ho anche alcune galline che mi aiutano a tenere lontani i parassiti. Inizio le mie giornate in giardino raccogliendo le uova dalle galline. Poi controllo le verdure, assicurandomi che ricevano acqua e sole a sufficienza. Diserbo le aiuole e rimuovo gli insetti che potrebbero **attaccare** le piante. Una volta sistemato **tutto**, mi siedo e mi godo la pace e la tranquillità della natura.

Ho sempre amato trascorrere del tempo nel mio giardino. C'è qualcosa nell'essere circondati dalla natura e da tutta la **bellezza che** ha da offrire. Trovo che sia un luogo molto tranquillo e rilassante. Spesso trascorro il tempo nel mio giardino rilassandomi e godendomi il paesaggio. Mi piace anche lavorare nel mio giardino e coltivare. Ho un giardino di buone dimensioni e mi piace coltivare **diverse** cose. Coltivo fiori, **verdure** ed erbe aromatiche. Ho anche alcuni alberi da frutto che producono mele, pere e prugne deliziose. Oltre a coltivare, mi piace anche passare il tempo passeggiando nel mio giardino, **ammirando** tutte le piante e gli animali che lo abitano. Negli anni ho trascorso molte ore a lavorare per rendere il mio **giardino** un luogo non solo bello ma anche funzionale. Mi piace osservare gli uccelli che svolazzano in giro e ascoltarli cantare. A volte tiro fuori un libro e leggo in

My Garden

My garden is my happy place. I go out there every day,
rain or shine, and spend time tending to my plants. I
have a little bit of **everything**-vegetables, fruits, flowers,
herbs. I even have a few chickens that help keep the
pests at bay. I start my days in the garden by gathering
eggs from the chickens. Then I check on my veggies,
making sure they are getting enough water and sun.
I weed the beds and pick off any bugs that might be
attacking the plants. Once **everything** is taken care of,
I sit back and enjoy the peace and quiet of nature.

I have always loved spending time in my garden. There
is something about being surrounded by nature and all
of the **beauty** that it has to offer. I find it to be a very
peaceful and calming place. I often spend time in my
garden just relaxing and enjoying the scenery. I also
enjoy working in my garden and growing things. I have
a pretty good-sized garden, and I like to grow a variety
of **different** things in it. I grow flowers, **vegetables**,
and herbs. I also have a few fruit trees that produce
some delicious apples, pears, and plums. In addition to
growing things, I also enjoy spending time just walking
around my garden, **admiring** all of the different plants
and animals that call it home. I have spent many hours
over the years working on making my **garden** into a
place that is not only beautiful but also functional. I
love to watch the birds flit around and listen to them
sing. Sometimes I even bring out a book and read in
the garden while surrounded by all the beauty that I've

giardino, circondata da tutta la bellezza che ho creato.
Il **giardinaggio** è la mia passione e mi porta tanta gioia.
Ogni giorno nel mio giardino è un buon giorno.

Una delle cose che amo fare è cucinare, quindi avere
un giardino di erbe aromatiche ben fornito è molto
importante per me. Timo, basilico, origano, rosmarino,
salvia e lavanda sono solo alcune delle erbe che mi
piace coltivare nel mio giardino per poterle usare
quando cucino per me o per gli **ospiti**. Un'altra cosa
importante per me quando si tratta del mio giardino è
assicurarmi che ci sia molto colore in tutto il giardino.
Per raggiungere questo obiettivo, coltivo un'ampia
varietà di fiori, tra cui **rose**, gigli, margherite, tulipani,
impatiens, calendule, ecc. Oltre ad aggiungere colore
con i fiori, mi piace anche aggiungere interesse
utilizzando diverse **texture** in tutto il giardino. Per
esempio, potrei piantare felci sotto imponenti girasoli
o hosta **accanto a** spigolose erbe ornamentali.
Indipendentemente da ciò che accade nella vita,
lavorare nel mio giardino **riesce** sempre a farmi sentire
più connessa con la natura e in pace con me stessa.

created. **Gardening** is my passion and it brings me so much joy. Every day in my garden is a good day.

One of the things that I love to do is cook, so having a well-stocked herb garden is very **important** to me. Thyme, basil, oregano, rosemary, sage, and lavender are just some of the herbs that I like to grow in my garden so that I can use them when cooking meals for myself or for **guests**. Another thing that is important to me when it comes to my garden is making sure that there is plenty of colour throughout it. To achieve this goal, I grow a wide variety of flowers, including **roses**, lilies, daisies, tulips, impatiens, marigolds, etc. In addition to adding colour with flowers, I also like to add interest by using different **textures** throughout the garden. For instance, I might plant ferns beneath towering sunflowers or hostas **alongside** spiky ornamental grasses. No matter what else might be going on in life, working in my garden always **manages** to help me feel more connected to nature and at peace with myself.

Domande di comprensione

1. Dove si trova il giardino dell'autore?

2. Quanti polli ha l'autore?

3. Che cosa fa l'autore in giardino ogni giorno?

4. Perché all'autore piace il giardino?

5. Quali sono le erbe che l'autore pianta nel giardino?

6. Perché è importante per l'autore che ci siano molti colori nel suo giardino?

7. Come fa l'autore a dare varietà al suo giardino?

8. Come si sente l'autore quando lavora nel suo giardino?

9. Cosa fa sentire l'autore in sintonia quando è nel suo giardino?

10. Perché nel giardino dell'autore ogni giorno è un buon giorno?

Comprehension Questions

1. Where is the author's garden?

2. How many chickens does the author have?

3. What does the author do in the garden every day?

4. Why does the author like the garden?

5. What herbs does the author plant in the garden?

6. Why is it important to the author that there are many colors in his garden?

7. How does the author bring variety to his garden?

8. How does the author feel when he works in his garden?

9. What makes the author feel connected when he is in his garden?

10. why is every day in the author's garden a good day?

Fare shopping

Mi piace andare **a fare shopping al** centro commerciale. È sempre molto divertente passeggiare e guardare tutti i diversi negozi. Al centro commerciale ce n'è per tutti i gusti ed è sempre un ottimo posto per trovare offerte su vestiti, scarpe e accessori. **Di solito** inizio il mio shopping attraversando l'**ingresso** principale del centro commerciale. Da lì, mi dirigo prima verso i miei negozi preferiti. Dopo aver dato un'occhiata a quei negozi, vado in giro a vedere se ci sono saldi in corso in altri posti. Di solito trascorro un paio d'ore nel centro commerciale prima di fare i miei acquisti. Mi piace sempre prendermi il tempo necessario per fare shopping, **perché** voglio essere sicura di acquistare **esattamente** ciò che voglio. In più, così è più divertente!

Trovo sempre molto **affascinante** osservare le persone mentre sono al centro commerciale. Si può capire molto di una persona dal modo in cui fa acquisti. Alcune persone sono molto metodiche e si prendono il loro tempo, mentre altre sembrano prendere **tutto quello che** possono e dirigersi alla cassa il più velocemente possibile. Ci sono anche quelli che sembrano più interessati a parlare al cellulare o a mandare messaggi piuttosto che guardare la merce! A prescindere dal tipo di acquirente, però, sembra che a tutti piaccia guardare le vetrine, anche se non si compra nulla. C'è qualcosa che mi rende felice nel guardare tutte le belle cose nelle **vetrine** dei negozi. A volte fantastico su come sarebbe se potessi permettermi **tutto quello che** vedo! Tutto

Going Shopping

I love going **shopping** in the mall. It's always so much fun to walk around and look at all the different stores. There's something for everyone in the mall, and it's always a great place to find deals on clothes, shoes, and accessories. I **usually** start my shopping trip by walking through the main **entrance** of the mall. From there, I head to my favourite stores first. After looking through those stores, I'll walk around and see if there are any sales going on at other places. I usually end up spending a couple hours in the mall before I finally make my purchases. I always like to take my time when shopping **because** I want to make sure that I'm getting **exactly** what I want. Plus, it's just more fun that way!

I always find it so **fascinating** to people watch while I'm at the mall. You can really tell a lot about a person by the way they shop. Some people are very methodical and take their time, while others just seem to grab **whatever** they can and head for the check-out as fast as possible. There are also those shoppers who seem more interested in talking on their cell phones or texting than actually looking at any of the merchandise! No matter what kind of shopper you are, though, everyone seems to enjoy window shopping—even if you don't actually buy anything. There's just something about looking at all of the pretty things in the store **windows** that makes me happy. Sometimes I fantasise about what it would be like if I could afford **everything** I see! All in all, spending a day shopping at the mall is one of my favourite pastimes. It's a great way to relax and

sommato, trascorrere una giornata di shopping al centro commerciale è uno dei miei passatempi preferiti. È un ottimo modo per rilassarsi e distendersi, facendo anche un po' di esercizio fisico (se si cammina abbastanza). Inoltre, è **sempre** bello concedersi una camicia o un paio di scarpe nuove ogni tanto!

Ho avuto una **lunga** giornata di lavoro e finalmente avevo un po' di tempo per me, così ho deciso di andare a fare shopping al centro commerciale. Mi servivano dei vestiti nuovi per la **prossima** stagione. Appena sono entrata, ho visto tutte le luci e le vetrine scintillanti. Mi sono diretta prima al mio negozio preferito e ho iniziato a sfogliare gli scaffali. Ho trovato alcuni top carini e li ho provati nel camerino. Mentre mi guardavo allo specchio, sentii qualcuno entrare nel **camerino** accanto al mio. Ho riconosciuto la sua voce come quella di una mia collega. Ci siamo salutati e abbiamo iniziato a chiacchierare di lavoro. Dopo qualche minuto, entrambi abbiamo finito e siamo andati per la **nostra** strada, ma ci siamo incontrati di nuovo più tardi. Abbiamo continuato a chiacchierare e ci siamo resi conto di avere in comune più di quanto pensassimo. Abbiamo finito di bere e siamo tornate a casa per la notte, **esauste** per la lunga giornata di shopping ma comunque soddisfatte dei nostri acquisti.

unwind while also getting a little bit of exercise (if you walk around enough). Plus, it's **always** nice to treat yourself to a new shirt or pair of shoes every now and then!

I had a **long** day at work and finally had some time to myself, so I decided to go shopping at the mall. I needed some new clothes for the **upcoming** season. As soon as I walked in, I saw all the bright lights and shiny storefronts. I headed to my favourite store first and started browsing through the racks. I found a few cute tops and tried them on in the dressing room. As I was looking at myself in the mirror, I heard someone coming into the **dressing** room next to mine. I recognised their voice as one of my co-workers. We said hello and started chatting about work. After a few minutes, we both finished up and went our **separate** ways, but then ran into each other again later. We continued chatting and realised that we had more in common than we thought. We finished our drinks and then headed home for the night, **exhausted** from a long day of shopping but happy with our purchases nonetheless.

Domande di comprensione

1. Dove vi piace di più conservare?

2. Qual è il vostro negozio preferito nel centro commerciale?

3. Quanto tempo si ferma di solito al centro commerciale?

4. Cosa pensa delle persone che trascorrono molto tempo al centro commerciale? 5. Qual è la cosa che preferite fare al centro commerciale?

6. Avete mai comprato qualcosa al centro commerciale quando non ne avevate davvero bisogno?

7. Come reagite quando al centro commerciale vedete qualcosa che vi piacerebbe molto, ma che costa troppo?

8. Avete mai visto qualcosa al centro commerciale e vi siete chiesti chi lo avrebbe comprato?

9. What is your opinion about people who are busy with their cell phones in the mall instead of looking at the stores?

Comprehension Questions

1. Where do you like to store the most?

2. What is your favorite store in the mall?

3. How long do you usually stay at the mall?

4. What do you think about people who spend a lot of time at the mall? 5. what is your favorite thing to do at the mall?

6. Have you ever bought something at the mall when you didn't really need it?

7. How do you react when you see something at the mall that you would really like, but it is too expensive?

8. Have you ever seen something at the mall and wondered who would buy it?

9. What is your opinion about people who are busy with their cell phones in the mall instead of looking at the stores?

Al mercato

Mi sveglio presto il sabato mattina, desiderosa di andare al **mercato** prima che sia troppo affollato. Mi infilo i vestiti e mi avvio verso la porta, prendendo le mie borse riutilizzabili. Mentre cammino, inizio a pianificare quello che voglio fare per la settimana a venire. So che voglio **arrostire le** verdure almeno una volta, quindi dovrò comprare delle verdure di buona qualità. Voglio anche fare una zuppa o uno stufato, quindi dovrò comprare anche della carne. Dovrò vedere cosa c'è di buono quando arriverò lì. Il mercato è a pochi isolati di distanza e vedo già le bancarelle allestite e la **gente** che vi si aggira.

Arrivo al mercato e mi dirigo subito verso il banco delle verdure. La scelta è bellissima e riempio le mie borse con una grande varietà di prodotti **freschi**. Parlo un po' con il contadino e mi consiglia alcune ricette. Non vedo l'ora di provarle. Mentre faccio la spesa, chiacchiero con i **contadini** per conoscere meglio loro e i loro prodotti. Dopo aver preso tutte le verdure che mi servono, passo al reparto carne. Qui sono un po' più titubante, perché non sono sicuro di quello che voglio prendere. Alla fine scelgo il pollo, perché è versatile e può essere utilizzato in diversi piatti. Compro anche alcuni tagli di carne diversi, assicurandomi di prendere carne di manzo nutrita con erba e **pollo** allevato all'aperto. Il macellaio era un uomo cordiale, sempre allegro nonostante le lunghe ore di lavoro. Mi ha incartato i petti di pollo e la bistecca prima di parlarmi dei suoi programmi per il fine settimana. Lo salutai e

At the Market

I wake up early on Saturday morning, eager to get to the **market** before it gets too crowded. I throw on some clothes and head out the door, grabbing my reusable bags on the way. As I walk, I start planning what I want to make for the week ahead. I know I want to **roast** vegetables at least once, so I'll need to buy some good quality vegetables. I also want to make a soup or stew, so I'll need to get some meat as well. I'll have to see what looks good when I get there. The market is only a few blocks away, and I can already see the stalls set up and the **people** milling about.

I arrive at the market and head straight for the vegetable stand. The selection is beautiful, and I fill my bags with a variety of **fresh** produce. I chat with the farmer for a bit, and he recommends some recipes to me. I'm excited to try them out. I chat with the **farmers** as I shop, getting to know them and their products. After I have all the vegetables I need, I move on to the meat section. I'm a bit more hesitant here, as I'm not sure what I want to get. I eventually decide on chicken because it is versatile and can be used in a variety of dishes. I also buy a few different cuts of meat, making sure to get grass-fed beef and free-range **chicken**. The butcher was a friendly man, always cheerful despite the long hours he worked. He wrapped up my chicken breasts and steak before chatting to me about his weekend plans. I said goodbye to him and continued on my way. I also grabbed some eggs and cheese from the dairy section.

proseguii per la mia strada. Ho preso anche delle uova e del formaggio dal reparto latticini.

Il mercato era pieno di gente, tutti desiderosi di mettere le **mani sui** prodotti freschi e sulla carne che venivano offerti. Nell'aria si sentiva l'odore dell'aglio e delle cipolle, e il suono delle risate e delle conversazioni riempiva l'aria. Mi feci strada tra la folla, scegliendo gli altri articoli necessari per la mia spesa settimanale. Riempii il mio **cestino** di frutta e verdura, pasta e pane, prima di dirigermi alla cassa. La fila era lunga, ma si snodava rapidamente. Finalmente gli ultimi acquisti furono fatti ed era ora di tornare a casa. La macchina è stata caricata e il viaggio verso casa è stato lungo e noioso. Il traffico era intenso e il caldo opprimente. Alla fine l'auto entrò nel vialetto e il sollievo fu palpabile. La casa era fresca e silenziosa ed era un rifugio dopo il **trambusto** del mercato. Tutto fu messo a posto e la casa tornò presto alla sua solita pace e tranquillità. Avevo tutto il necessario per preparare dei piatti **deliziosi** per me e per la mia famiglia. Era bello essere a casa.

The market was bustling with people, all of them eager to get their **hands** on the fresh produce and meat that were on offer. The air was thick with the smell of garlic and onions, and the sound of laughter and conversation filled the air. I made my way through the crowd, picking out the other items I needed for my weekly shop. I filled my **basket** with fruit and vegetables, pasta and bread, before heading to the checkout. The queue was long, but it moved quickly. Finally, the last of the **groceries** were bought, and it was time to go home. The car was loaded up, and the drive home was long and tedious. The traffic was heavy and the heat was oppressive. Finally, the car pulled into the driveway and the relief was palpable. The house was cool and quiet, and it was a haven after the **hustle** and bustle of the market. Everything was put away, and the house was soon back to its usual peace and quiet. I had everything I needed to make some **delicious** meals for myself and for my family. It was good to be home.

Domande di comprensione

1. Dove sta andando la persona?

2. Cosa vuole comprare la persona?

3. Quante borse ha la persona?

4. Quanto è lontano il mercato?

5. Cosa sta facendo la persona in questo momento?

6. Che cos'è il mercato?

7. Quante persone ci sono nel mercato?

8. Quanto tempo ha impiegato la persona per comprare tutto?

9. Come è tornata a casa la persona?

10. Cosa ha fatto la persona quando è tornata a casa?

Comprehension Questions

1. Where is the person going?

2. What does the person want to buy?

3. How many bags does the person have?

4. How far away is the market?

5. What is the person doing right now?

6. What is everything in the market?

7. How many people are in the market?

8. How long did it take the person to buy everything?

9. How did the person go home?

10. What did the person do when he or she got home?

In un caffè

Era una fredda mattina **d'autunno** e avevo fissato un appuntamento con la mia amica Lily al nostro bar preferito per un caffè. Mi avvolsi al caldo nel mio cappotto e nella sciarpa e mi avviai. Le foglie cadevano dagli alberi e l'aria era pungente, ma il sole splendeva e prometteva di essere una bella giornata. Mentre camminavo, **pensavo** a quanto fosse bello avere un'amica come Lily. Eravamo amiche da anni, da quando ci eravamo conosciute all'**università**. Avevamo legato per il nostro amore per il caffè e per il tempo trascorso a chiacchierare nei bar. Anche se ora vivevamo in zone diverse della città, riuscivamo comunque a vederci per un caffè una volta alla settimana. Arrivai al caffè e Lily era già lì ad aspettarmi. Ci salutammo con un abbraccio e poi ordinammo i nostri caffè. Trovammo un tavolo vicino alla finestra e ci sedemmo a chiacchierare. Il **caffè** era delizioso, come sempre, ed è stato così bello recuperare il tempo perduto con Lily. Parlammo della nostra settimana, dei nostri lavori e dei nostri progetti per il futuro. Era sempre così facile parlare con Lily e mi sembrava di poterle dire tutto. Dopo un po' cominciammo ad avere fame e **decidemmo** di ordinare qualcosa da mangiare.

Ordinammo il cibo e trovammo posto vicino alla finestra. Il sole entrava dalla finestra, rendendo tutto più caldo e felice. Chiacchierammo mentre mangiavamo, godendoci il semplice piacere di stare in **compagnia**. Il caffè era affollato, ma non sembrava affollato. C'era una sensazione di pace e soddisfazione nell'aria.

At a Cafe

It was a chilly **autumn** morning, and I had arranged to meet my friend Lily at our favourite cafe for a coffee. I wrapped up warm in my coat and scarf and set off. The leaves were falling from the trees and the air had a nip to it, but the sun was shining and it promised to be a beautiful day. As I walked, I **thought** about how good it was to have a friend like Lily. We had been friends for years, ever since we met at **university**. We bonded over our love of coffee and spending time chatting in cafes. Even though we now lived in different parts of the city, we still managed to meet up for coffee once a week. I arrived at the cafe, and Lily was already there, waiting for me. We hugged each other hello and then ordered our coffees. We found a table by the window and settled down to chat. The **coffee** was delicious, as always, and it was so nice to catch up with Lily. We talked about our week, our jobs, and our plans for the future. It was always so easy to talk to Lily, and I felt like I could tell her anything. After a while, we started to get hungry and **decided** to order some food.

We **ordered** our food and found a seat by the window. The sun was shining in through the window, making everything feel warm and happy. We chatted as we ate our food, enjoying the simple pleasure of being in each other's **company**. The cafe was busy, but it didn't feel crowded. There was a feeling of peace and contentment in the air. As we finished our food, we sat for a while longer, just enjoying the peaceful **atmosphere**. We talked for a while about different

Finito il cibo, ci sedemmo ancora per un po', godendoci l'**atmosfera** tranquilla. Abbiamo parlato per un po' di cose diverse che stavano accadendo nelle nostre vite. È stato così bello recuperare il tempo perduto con la mia amica e **rilassarsi**. Il sole splendeva attraverso la finestra e sembrava che **nulla** potesse rovinare la nostra giornata perfetta.

All'improvviso sentii un forte schianto. Mi girai e vidi che un uomo era caduto dal soffitto e giaceva sul pavimento di fronte a noi. Era **coperto** di polvere e detriti e sembrava privo di sensi. Io e il mio amico eravamo entrambi sotto shock mentre fissavamo l'uomo steso sul pavimento. Non sapevamo cosa fare o chi chiamare aiuto. Rimanemmo lì a fissarlo, senza sapere cosa fare. Dopo qualche minuto mi sono ripreso e ho chiamato il 911. L'operatore mi disse che qualcuno sarebbe arrivato presto. Riattaccai il telefono e raccontai al mio amico quello che mi aveva detto l'**operatore**. Rimanemmo entrambe sedute ad aspettare l'arrivo dei soccorsi. Sembrava un'eternità, ma alla fine **arrivò** un'ambulanza. I paramedici si precipitarono e iniziarono a lavorare sull'uomo. Hanno subito stabilito che era ferito e che doveva essere portato in **ospedale**. Io e il mio amico eravamo sollevati per l'arrivo dei soccorsi e per il fatto che quell'uomo si sarebbe ripreso. **Finimmo di** mangiare e continuammo la nostra giornata, grati che alla fine tutto fosse andato bene.

things that had been going on in our lives. It was so nice to catch up with my friend and just **relax**. The sun was shining through the window, and it felt like **nothing** could ruin our perfect day.

Suddenly, I heard a loud crash. I turned around to see that a man had fallen through the ceiling and was lying on the floor in front of us. He was **covered** in dust and debris and appeared to be unconscious. My friend and I were both in shock as we stared at the man lying on the floor. We didn't know what to do or who to call for help. We just sat there staring at him, not knowing what to do. After a few minutes, I snapped out of it and called 911. The operator told me that someone would be there soon. I hung up the phone and told my friend what the **operator** had said. We both just sat there waiting for help to arrive. It felt like forever, but eventually an ambulance **showed** up. The paramedics rushed in and started working on the man. They quickly determined that he was injured and needed to be taken to the **hospital**. My friend and I were relieved that help had arrived and that the man was going to be okay. We **finished** our food and went on with our day, thankful that everything turned out alright in the end.

Domande di comprensione

1. Da dove viene l'uomo che cade dal tetto?

2. Perché la donna è con la sua amica nel caffè?

3. Qual è il caffè preferito dai due amici?

4. Da quanto tempo i due amici si conoscono?

5. Qual è la bevanda preferita dai due amici?

6. In quale città vivono i due amici?

7. Quanto spesso si incontrano i due amici?

8. Di cosa parlano i due amici quando si incontrano per la prima volta nel loro caffè preferito?

9. Qual è il cibo preferito dai due amici?

10. Perché è così facile parlare con Lily?

Comprehension Questions

1. Where does the man who falls through the roof come from?

2. Why is the woman with her friend in the café?

3. What is the two friends' favorite café?

4. How long have the two friends known each other?

5. What is the two friends' favorite drink?

6. In which city do the two friends live?

7. How often do the two friends meet?

8. What do the two friends talk about when they first meet at their favorite café?

9. What is the favorite food of the two friends?

10. Why is it so easy to talk to Lily?

Andare a nuotare

La piscina era sempre un luogo **rinfrescante** e oggi non era diverso. Il sole splendeva e l'acqua sembrava invitante. Feci un respiro profondo e mi tuffai, sentendo il fresco abbraccio dell'acqua. Nuotai per un po', godendomi l'esercizio e la possibilità di schiarirmi le idee. Dopo un po' uscii e mi asciugai, poi mi sedetti su un asciugamano per rilassarmi al sole. Chiusi gli occhi e lasciai che il **calore** mi avvolgesse, sentendo i miei muscoli iniziare a rilassarsi. All'improvviso sentii uno spruzzo e aprii gli occhi per vedere la mia sorellina **che sguazzava** nel basso fondale. Sorrisi e la osservai per un po', poi mi alzai e mi avvicinai a lei. Chiacchierammo per un po' e pagaiarono insieme, godendo della reciproca compagnia. Presto i nostri genitori ci raggiunsero e passammo il resto del pomeriggio nuotando e giocando insieme. Era sempre così bello passare del tempo con la famiglia in piscina. C'è **qualcosa** nello stare in acqua che sembra unire le persone. Forse perché quando siamo in acqua siamo tutti uguali, non possiamo nascondere i nostri difetti o fingere di essere ciò che non siamo. O forse è solo perché è divertente! **Qualunque sia** la ragione, mi ha fatto piacere che ci siamo riuniti tutti insieme e che ci siamo goduti la reciproca compagnia in un luogo così speciale.

Il sole batteva sulla mia pelle e l'odore di cloro era nell'aria. Sentivo il rumore dei bambini che ridevano e sguazzavano nella piscina. Ero sdraiata su una sedia

Going Swimming

The pool was always a **refreshing** place to be, and today was no different. The sun was shining and the water looked inviting. I took a deep breath and dove in, feeling the cool embrace of the water. I swam laps for a while, enjoying the exercise and the chance to clear my head. After a while, I got out and dried off, then sat down on a towel to relax in the sun. I closed my eyes and let the **warmth** wash over me, feeling my muscles start to relax. Suddenly, I heard a splash and opened my eyes to see my little sister **paddling** around in the shallow end. I smiled and watched her for a while, then stood up and walked over to her. We chatted for a bit and paddled around together, enjoying each other's company. Soon, our parents joined us, and we spent the rest of the afternoon swimming and playing games together. It was always so nice to spend time with the family at the pool. There's **something** about being in the water that just seems to bring people together. Maybe it's because we're all equal when we're in the water—we can't hide our flaws or pretend to be something we're not. Or maybe it's just because it's fun! **Whatever** the reason, I was just glad that we could all come together and enjoy each other's company in such a special place.

The sun was beating down on my skin and the smell of chlorine was in the air. I could hear the sounds of kids laughing and splashing around in the pool. I was lying on a **lounge** chair next to the pool, soaking up the sun

a **sdraio** accanto alla piscina, a prendere il sole e a **godermi la** giornata. Avevo gli occhi chiusi e stavo per addormentarmi quando sentii qualcuno avvicinarsi a me. Aprii gli occhi e vidi una donna in piedi accanto a me. Indossava un bikini e aveva un asciugamano avvolto intorno alla vita. Aveva lunghi capelli biondi e occhi azzurri. Aveva in mano un flacone di **crema solare**. "Ti dispiace se ti metto un po' di crema solare sulla schiena?", mi chiese. "No, va bene", risposi, sedendomi in modo che potesse raggiungermi la schiena. Sentii le sue mani sulla mia pelle mentre applicava la crema solare.

Il suo tocco era delicato e il profumo della crema solare era rilassante. Chiusi di nuovo gli occhi e mi rilassai. Sentivo il **rumore** dei suoi movimenti, ma non aprii gli occhi. Mi accontentai di stare sdraiato al sole, ascoltando il rumore delle onde **che si infrangevano** sulla riva. Dopo qualche minuto si allontanò e io aprii gli occhi. La guardai mentre tornava alla sua poltrona e prendeva il suo libro. Si sistemò sulla sedia e iniziò a leggere. Chiusi di nuovo gli occhi e mi lasciai andare al sonno. **Sognai** che stavo nuotando in piscina, facendo dei giri avanti e indietro. L'acqua era rinfrescante e fresca sulla mia pelle. Sentivo il sole sul viso e il calore dell'acqua che mi circondava. Nuotai per ore, finché alla fine raggiunsi l'altro lato della piscina e uscii. Mi asciugai e mi sdraiai sulla mia sedia a sdraio. Sentii qualcuno sedersi accanto a me e aprii **gli occhi** per vedere la donna di prima. Mi porse una bibita fresca e ci sedemmo insieme, godendoci il sole e la reciproca compagnia.

and **enjoying** the day. I had my eyes closed and was just about to drift off to sleep when I heard someone walking up to me. I opened my eyes and saw a woman standing next to me. She was wearing a bikini and had a towel wrapped around her waist. She had long blonde hair and blue eyes. She was holding a bottle of **sunscreen** in her hand. "Do you mind if I put some sunscreen on your back?" she asked. "No, that's fine," I said, sitting up so she could reach my back. I felt her hands on my skin as she applied the sunscreen.

Her touch was gentle and the scent of the sunscreen was soothing. I closed my eyes again and let myself relax. I could hear the **sound** of her moving around, but I didn't open my eyes. I was content just lying there in the sun, listening to the sound of the waves **crashing** against the shore. After a few minutes, she walked away, and I opened my eyes. I watched her as she walked back to her lounge chair and picked up her book. She settled into her chair and began reading. I closed my eyes again and let myself drift off to sleep. I **dreamed** that I was swimming in the pool, doing laps back and forth. The water was refreshing and cool on my skin. I could feel the sun on my face and the warmth of the water surrounding me. I swam for what **seemed** like hours, until finally I reached the other side of the pool and climbed out. I towelled myself off and lay down on my lounge chair. I felt someone sit down next to me, and I opened my **eyes** to see the woman from earlier. She handed me a cold drink, and we sat there together, enjoying the sun and each other's company.

Domande di comprensione

1. Dove si trovava il narratore quando ha iniziato la storia?

2. Che odore sente il narratore quando apre gli occhi?

3. Cosa sente il narratore quando apre gli occhi?

4. Di chi è la crema solare che la donna dà al narratore?

5. Che cosa sogna il narratore?

6. Perché il bagno in mare è così speciale per il narratore?

7.Come si sente l'acqua in cui nuota il narratore?

8. Cosa vede il narratore quando esce dall'acqua?

9. Cosa fa la donna dopo aver messo la crema solare al narratore?

Comprehension Questions

1. Where was the narrator when he begins the story?

2. What does the narrator smell when he opens his eyes?

3. What does the narrator hear when he opens his eyes?

4. Whose sunscreen does the woman give the narrator?

5. What is the narrator dreaming about?

6. Why is swimming in the sea so special for the narrator?

7.How does the water in which the narrator swims feel?

8. What does the narrator see when he comes out of the water?

9. What does the woman do after she puts the sunscreen on the narrator?

Tagliare il prato

Sono le 10 del mattino di un **sabato** estivo e il sole picchia già senza pietà. Si va in garage a prendere il tosaerba, con la sensazione di essere **condannati** ai lavori forzati. Iniziate a tagliare il prato, facendo attenzione ad andare piano per non perdere nessun punto. Mentre si taglia, si pensa a quanto sia bello stare all'aria aperta. Mentre iniziate a spingere il tosaerba avanti e indietro sul prato, con la coda dell'**occhio** vedete il vostro vicino. Lo salutate con la mano e lui ricambia.

Dopo qualche minuto, avete finito e vi recate a casa del vostro vicino per bere una birra con lui nel giardino davanti a casa. È una giornata **perfetta**: non fa troppo caldo e soffia una leggera brezza. Ci si siede all'ombra dell'albero, sorseggiando la birra e chiacchierando con il vicino. Sono giornate come questa che fanno apprezzare l'estate. Poi si **entra** in casa per una meritata birra. Ci si sdraia su una sedia del portico e si apre la lattina, tirando un sospiro soddisfatto. Il rumore del tosaerba passa in secondo piano mentre vi rilassate all'ombra, godendovi la **tranquillità del** momento. La birra ha un sapore ancora più buono dopo tutto quel duro lavoro al caldo. Stavo per rientrare in casa quando sentii un rumore nella stanza accanto.

Sembrava che qualcuno stesse piangendo. Smisi di falciare e mi avvicinai alla recinzione che separava i nostri cortili. Mi affacciai e vidi la mia vicina, la signora Johnson, che piangeva sul dondolo del suo portico.

Mowing the Lawn

It's 10 in the morning on a summer **Saturday**, and the sun is already beating down mercilessly. You trudge out to the garage to fetch the lawn mower, feeling like you're being **sentenced** to hard labor. You start mowing the lawn, making sure to go nice and slow so you don't miss any spots. As you're mowing, you think about how good it feels to be outside in the fresh air. As you start pushing the mower back and forth across the lawn, you see your neighbour out of the corner of your **eye**. You wave and say hi, and he waves back.

After a few minutes, you're done, and you head over to your neighbour's house to have a beer with him in the front garden. It's a **perfect** day—not too hot, with a gentle breeze blowing. You sit there in the shade of the tree, sipping your beer and chatting with your neighbour. It's days like this that make you appreciate summertime. Then you **head** inside for a well-deserved beer. You flop down in a chair on the front porch and crack open the can, letting out a contented sigh. The sound of the mower fades into the background as you relax in the shade, enjoying the **peacefulness** of the moment. The beer tastes extra good after all that hard work in the heat. I was about to head inside when I heard a noise next door.

It **sounded** like someone was crying. I stopped mowing and walked over to the fence that separated our yards. I peered over and saw my neighbor, Mrs. Johnson, crying on her porch swing. I called out to her, but she

La chiamai, ma non mi sentì. Scavalcai la recinzione e mi avvicinai a lei. "Signora Johnson, sta bene?". Le chiesi. Lei mi guardò con le lacrime agli occhi e scosse la testa. "No, non sto bene", disse. "Ieri è morto il mio gatto". Ero scioccato. Non sapevo cosa dire. Rimasi lì impacciato, senza sapere cosa fare. Alla fine le misi una mano sulla **spalla** e dissi: "Mi dispiace molto, signora Johnson. Se posso fare qualcosa per aiutarla, me lo faccia sapere". "Lei scosse la testa e disse: "No, nessuno può fare **niente**". Poi si alzò ed entrò in casa sua. Rimasi lì per un momento, senza sapere cosa fare. Poi tornai a tagliare il prato. Mentre finivo, non potei fare a meno di pensare alla signora Johnson e al suo gatto.

didn't hear me. I climbed over the fence and walked over to her. "Mrs. Johnson, are you okay?" I asked. She looked up at me with tears in her eyes and shook her head. "No, I'm not okay," she said. "My cat died yesterday." I was shocked. I didn't know what to say. I just stood there awkwardly, not knowing what to do. Finally, I put my hand on her **shoulder** and said, "I'm so sorry, Mrs. Johnson. If there's anything I can do to help, please let me know. " She shook her head and said, "No, there's **nothing** anyone can do." Then she got up and went inside her house. I stood there for a moment, not knowing what to do. Then I went back to mowing my lawn. As I finished up, I couldn't help but think about Mrs. Johnson and her cat.

Domande di comprensione

1. Che ora è?

2. Dove si trova la persona che sta falciando?

3. Come si sente la persona?

4. Perché la persona deve falciare lentamente?

5. Che tempo fa?

6. Cosa fa la persona dopo la falciatura?

7. Cosa sente la persona prima di tornare a casa?

8. Chi è con la signora Johnson?

9. Perché la signora Johnson piange?

10. Cosa dice la persona alla signora Johnson?

Comprehension Questions

1. What time is it?

2. Where is the person mowing?

3. How does the person feel?

4. Why does the person have to mow slowly?

5. What kind of weather is it?

6. What is the person doing after mowing?

7. What does the person hear before going home?

8. Whois with Mrs. Johnson?

9. Why is Mrs. Johnson crying?

10. what does the person say to Mrs. Johnson?

Tagliarsi i capelli

Erano settimane che volevo tagliarmi i capelli, ma in qualche modo riuscivo sempre a rimandare. Ma con il **Natale** alle porte, sapevo che non potevo più rimandare. Non volevo presentarmi alla cena di Natale della mia famiglia con un aspetto trasandato. Così, la mattina presto di Natale, mi sono recata al salone. Anche se era presto, il salone era già pieno di gente che **si faceva** fare i capelli per le feste. Presi posto nella fila e aspettai il mio turno. Finalmente arrivò il mio turno sulla poltrona. La parrucchiera, una donna gentile di nome Jill, mi chiese cosa volessi. "Solo una spuntatina, niente di troppo drastico", risposi. Jill si mise al lavoro, tagliando i miei capelli. Mentre lavorava, cominciai a rilassarmi. Mi sentivo bene a prendermi finalmente cura di me stessa. Ultimamente ero stata così occupata a correre in giro per prendermi cura di tutti gli altri, che avevo lasciato cadere in secondo piano i miei bisogni. Ma **ora** non **più**. D'ora in poi avrei trovato il tempo per me stessa.

Quando Jill ha finito, mi sono guardata allo specchio e sono rimasta soddisfatta di ciò che ho visto. I miei capelli avevano un aspetto ordinato e curato, perfetto per le feste. **Ringraziai** Jill e presi **nota** di tornare più spesso. D'ora in poi mi prenderò cura di me stessa prima di tutto. Si mise al lavoro per tagliare i miei capelli. Pensai a quanto fossi grata di essermi finalmente decisa a tagliarmi i capelli. Era bello sapere che sarei stata presentabile per la **cena** di Natale.

Getting a Haircut

I had been meaning to get a haircut for weeks, but somehow always managed to put it off. But with **Christmas** just around the corner, I knew I couldn't put it off any longer. I didn't want to show up to my family's Christmas dinner looking like a scruffy mess. So, early on Christmas morning, I made my way to the salon. Even though it was early, the salon was already busy with other people **getting** their hair done for the holiday. I took my place in the line and waited my turn. Finally, it was my turn in the chair. The stylist, a friendly woman named Jill, asked me what I wanted. "Just a trim, nothing too drastic," I replied. Jill got to work, snipping away at my hair. As she worked, I began to relax. It felt good to finally be taking care of myself. I had been so busy lately, running around taking care of everyone else, that I had let my own needs fall by the wayside. But not **anymore**. From now on, I was going to make time for myself.

When Jill was finished, I looked in the mirror and was pleased with what I saw. My hair looked tidy and polished—perfect for holiday gatherings. I **thanked** Jill and made a **mental** note to come back more often. From now on, I will take care of myself first and foremost. She got to work snipping away at my hair. I thought about how thankful I was that I had finally gotten around to getting my haircut. It felt good to know that I would look presentable for Christmas **dinner**. No longer would I have to worry about my family teasing

Non avrei più dovuto preoccuparmi che la mia famiglia
mi prendesse in giro per il mio aspetto "trasandato".
Dopo qualche minuto, la parrucchiera finì di tagliarmi
i capelli e mi diede una rapida asciugata. Mi guardai
allo specchio e fui felice di ciò che vedevo: un look
pulito che sarebbe stato perfetto per la cena di Natale.
Ora che il taglio di capelli era stato superato, potevo
concentrarmi sulle vacanze con la mia famiglia. Ed ero
ancora più grata per questo.

Mi sentivo così **libera** e adoravo l'aspetto del mio nuovo
taglio di capelli. Dopo aver pagato il taglio, sono tornata
a casa e ho iniziato a fare i bagagli per il mio viaggio.
Non vedevo l'ora di mostrare il mio nuovo look alla
mia famiglia e ai miei amici. Sapevo che sarebbero
rimasti sorpresi quando mi avrebbero visto. Il giorno
del volo sono arrivata all'aeroporto con molto tempo
a disposizione. Ho passato i controlli di sicurezza
senza problemi e presto sono partita. Non appena
arrivai a destinazione, sentii l'eccitazione nell'aria. Il
Natale era decisamente nell'aria! La mia famiglia era
lì ad accogliermi all'aeroporto ed erano tutti stupiti del
mio nuovo taglio di capelli. Abbiamo trascorso i giorni
successivi a **chiacchierare** e a goderci la reciproca
compagnia. La vigilia di Natale siamo andati in chiesa
e abbiamo cantato tutti insieme. È stata una festa
perfetta. Sono così felice di essermi tagliata i capelli
prima di andare in vacanza. Ha reso l'intera esperienza
ancora più speciale. Ogni volta che riguarderò le **foto**
di quel viaggio, ricorderò sempre quanto sia stato bello
liberarsi finalmente di tutti quei pesi morti e ricominciare
con un nuovo look.

me about my "scruffy" appearance. After a few minutes, the stylist was finished trimming my hair and gave me a quick blow dry. I looked in the mirror and was happy with what I saw—a clean-cut look that would be perfect for Christmas dinner. Now that my haircut was out of the way, I could focus on enjoying the holiday with my family. And I was even more thankful for that.

It felt so **liberating**, and I loved the way my new haircut looked. After I paid for my haircut, I went home and started packing for my trip. I **couldn't** wait to show off my new look to my family and friends. I knew they would be surprised when they saw me. On the day of my flight, I arrived at the airport with plenty of time to spare. I went through security without any problems, and soon I was on my way. As soon as I arrived at my destination, I could feel the excitement in the air. Christmas was definitely in the air! My family was there to greet me at the airport, and they were all amazed at my new haircut. We spent the next few days **catching** up and enjoying each other's **company**. On Christmas Eve, we all went to church together and sang carols. It was a perfect holiday. I'm so glad I got my haircut before going on vacation. It made the whole experience even more special. Every time I look back at **photos** from that trip, I'll always remember how good it felt to finally get rid of all that dead weight and start fresh with a new look.

Domande di comprensione

1. Che cosa doveva fare il protagonista prima di Natale?

2. Come si è sentita la protagonista nel prendersi cura di sé?

3. Chi ha tagliato i capelli al protagonista?

4. Perché la famiglia della protagonista la prendeva in giro?

5. Come si è sentita la protagonista dopo essersi tagliata i capelli?

6. Che cosa ha fatto la protagonista dopo essersi tagliata i capelli?

7. Qual è stata la reazione della famiglia della protagonista al suo taglio di capelli?

8. Che cosa ha fatto il protagonista la vigilia di Natale?

9. Cosa ha reso più speciale l'esperienza del protagonista?

Comprehension Questions

1. What did the protagonist need to do before Christmas?

2. How did the protagonist feel about taking care of herself?

3. Who trimmed the protagonist's hair?

4. Why was the protagonist's family going to tease her?

5. How did the protagonist feel after getting her haircut?

6. What did the protagonist do after getting her haircut?

7. What was the protagonist's family's reaction to her haircut?

8. What did the protagonist do on Christmas Eve?

9. What made the protagonist's experience more special?

Il parco

Il sole stava tramontando e il parco era vuoto. Mi sedetti sulla panchina ad aspettare la mia **amica**. Avevamo programmato di incontrarci qui un'ora fa, ma lei era sempre in ritardo. Proprio quando stavo per arrendermi e tornare a casa, la vidi correre verso di me.

"Mi dispiace tanto", ansimò quando raggiunse la panchina. "Il mio treno è **in ritardo**".

"Non c'è problema", dissi **con indulgenza**. "Sono appena arrivato anch'io".

Ci siamo seduti e abbiamo chiacchierato per un po', aggiornandoci sulle nostre vite dall'ultima volta che ci siamo visti. La conversazione è fluita **facilmente** e ci è sembrato che non fosse passato affatto del tempo dall'ultima volta che ci siamo visti. Al tramonto ci siamo salutati e abbiamo preso strade diverse. La volta successiva ci incontrammo in un altro parco. Anche in questo caso era in ritardo, ma non mi dispiaceva. Era bello avere qualcuno con cui parlare che mi **capisse**. Parlammo dei nostri sogni e delle nostre **aspirazioni**, delle cose che volevamo fare nella nostra vita. Lei mi parlò dei suoi progetti di viaggiare per il mondo e io le confidai il mio sogno di diventare scrittrice. Al tramonto di un altro giorno, ci siamo salutate ancora una volta, promettendo di tenerci in contatto questa volta.

Gli anni sono passati e la nostra **amicizia** è rimasta forte, anche se ora viviamo in zone diverse del Paese. Ci siamo tenute in contatto tramite lettere e telefonate occasionali, condividendo le notizie della nostra vita.

The Park

The sun was setting, and the park was empty. I sat on the bench, waiting for my **friend**. We had planned to meet here an hour ago, but she was always late. Just as I was about to give up and go home, I saw her running towards me.
"I'm so sorry," she panted as she reached the bench. "My train was **delayed**."
"It's okay," I said **forgivingly**. "I just got here myself."

We sat down and chatted for a while, catching up on each other's lives since we last met. The conversation flowed **easily**, and it felt like no time had passed at all since we last saw each other. As the sun set, we said our goodbyes and went our separate ways. The next time we met, it was in a different park. Again, she was late, but I didn't mind. It was nice to have someone to talk to who **understood** me. We talked about our dreams and **aspirations**, things we wanted to do with our lives. She told me about her plans to travel the world, and I shared my dream of becoming a writer. As the sun set on another day, we said goodbye once again, promising to keep in touch this time.

Years passed, and our **friendship** remained strong even though we lived in different parts of the country now. We kept in touch through letters and occasional phone calls, sharing news of our lives with each other. When she announced that she was getting married, I wasn't **surprised** - she had always been the **adventurous** type. But when she asked me if I would

Quando annunciò che si sarebbe sposata, non ne fui **sorpreso**: era sempre stata un tipo **avventuroso**. Ma quando mi chiese di farle da damigella d'onore alla cerimonia di matrimonio che si sarebbe svolta dall'altra parte del mondo rispetto a dove vivevo... ci volle un po' per convincerla! Alla fine, però, non potevo permettere che la mia migliore amica si sposasse senza di me al suo fianco, così, nonostante le mie paure (e dopo molte suppliche da parte sua!), ho **accettato** di partecipare a quella che si è rivelata l'**avventura** di una vita.

Finalmente è arrivato il giorno del **matrimonio**. Ero nervosa, ma entusiasta di partecipare a un momento così importante della vita della mia amica. La cerimonia è stata bellissima e lei sembrava felice mentre pronunciava le sue promesse. **Dopo**, abbiamo festeggiato con una grande festa: sembrava che tutti i suoi conoscenti fossero venuti a festeggiare con lei! È stato un giorno **magico** che non dimenticherò mai, e la nostra amicizia si è rafforzata dopo quell'avventura. Ora, a distanza di anni, ci teniamo ancora in contatto. Siamo **cambiate** molto da quando ci siamo conosciute, ma la nostra amicizia è più forte che mai. Ogni volta che ci incontriamo, che sia in un parco o **dall'altra parte del** mondo, sembra che il tempo non sia mai passato.

be her maid of honor at her wedding ceremony taking place halfway around the world from where I lived... that took some convincing! In the end though I couldn't let my best friend get married without me by her side so despite my fears (and after much pleading from her!)I **agreed** to go along for what turned out to be the **adventure** of a lifetime.

The day of the **wedding** finally arrived. I was nervous, but excited to be a part of such an important moment in my friend's life. The ceremony was beautiful, and she looked happy as she said her vows. **Afterward**, we celebrated with a big party – it seemed like everyone she knew had come to celebrate with her! It was a **magical** day that will never forget, and our friendship only grew stronger after that adventure. Now, years later, we still keep in touch. We've both **changed** a lot since we first met, but our friendship is as strong as ever. Whenever we meet up - whether it's in a park or **halfway** around the world - it feels like no time has passed at all.

Domande di comprensione

1. Dove si sono incontrati per la prima volta l'autrice e la sua amica?

2. Perché l'amico dell'autore è arrivato in ritardo all'incontro?

3. Di che cosa hanno parlato gli amici quando si sono rivisti anni dopo?

4. Come si è sentita l'autrice ad assistere alla cerimonia di matrimonio della sua amica?

5. Descrivete l'ambientazione della cerimonia nuziale.

6. Come è cambiata l'amicizia tra le due donne nel corso del tempo?

7. Qual è il sogno dell'autore?

8. Dove intende viaggiare l'amico dell'autore?

9. Perché l'autrice esitava a partecipare alla cerimonia di matrimonio della sua amica?

Comprehension Questions

1. Where did the author and her friend first meet?

2. Why was the author's friend late to their meeting?

3. What did the friends talk about when they met up again years later?

4. How did the author feel about attending her friend's wedding ceremony?

5. Describe the setting of the wedding ceremony.

6. How has the friendship between the two women changed over time?

7. What is the author's dream?

8. Where does the author's friend plan to travel?

9. Why was the author hesitant to attend her friend's wedding ceremony?

www.ingramcontent.com/pod-product-compliance
Lightning Source LLC
Chambersburg PA
CBHW071622150726
48000CB00004B/1835